U1011136

百姓的贴身法律顾问

房产买卖　消费者权益篇

主编　谢定彪　王博

编写人员
主　　编：谢定彪　王　博
副 主 编：雷　珊　余振林　庞中秋　熊学武
参编人员：雷学武　宋胜峰　阮红艳　郑继军
吕少波　陈国强　李　琴　张雪燕
雷新华　叶　鹏　陈　涛　陈育红
耿　领　白豪斌　黄　锐　杨胜男
卢　文　闵力胜　欧阳婵娟

WUHAN UNIVERSITY PRESS
武汉大学出版社

图书在版编目(CIP)数据

百姓的贴身法律顾问.房产买卖、消费者权益篇/谢定彪,王博主编.—武汉:武汉大学出版社,2018.9(2020.12 重印)
ISBN 978-7-307-20480-5

Ⅰ.百… Ⅱ.①谢… ②王… Ⅲ.①房地产—交易—法律—中国—问题解答 ②消费者权益保护法—中国—问题解答
Ⅳ.D920.5

中国版本图书馆 CIP 数据核字(2018)第 193301 号

责任编辑:张 欣　　责任校对:李孟潇　　版式设计:汪冰滢

出版发行:**武汉大学出版社**　(430072　武昌　珞珈山)
(电子邮箱:cbs22@ whu.edu.cn　网址:www.wdp. com.cn)
印刷:武汉图物印刷有限公司
开本:880×1230　1/32　印张:7.375　字数:170 千字　插页:1
版次:2018 年 9 月第 1 版　2020 年 12 月第 4 次印刷
ISBN 978-7-307-20480-5　定价:19.88 元

目　录

一、房产买卖篇

二、消费者权益篇

一、房产买卖篇

1. 所有的商品房都可以自由买卖和转让吗？

【解答】

不是所有的商品房都可以自由买卖和转让。我国《城市房地产管理法》对不能转让的商品房情形作出了明确的规定，因此，购房者在购房时一定要对所购房屋涉及的各种情况进行全面了解，避免购到不能买卖的房屋，引发纠纷。

【法律依据】

《城市房地产管理法》第三十八条　下列房地产，不得转让：

(1) 以出让方式取得土地使用权的，不符合本法第三十九条规定的条件的；

(2) 司法机关和行政机关依法裁定、决定查封或者以其他形式限制房地产权利的；

(3) 依法收回土地使用权的；

(4) 共有房地产，未经其他共有人书面同意的；

(5) 权属有争议的；

(6) 未依法登记领取权属证书的；

(7)法律、行政法规规定禁止转让的其他情形。

《城市房地产管理法》第三十九条　以出让方式取得土地使用权的，转让房地产时，应当符合下列条件：

(1)按照出让合同约定已经支付全部土地使用权出让金，并取得土地使用权证书；

(2)按照出让合同约定进行投资开发，属于房屋建设工程的，完成开发投资总额的百分之二十五以上，属于成片开发土地的，形成工业用地或者其他建设用地条件。

转让房地产时房屋已经建成的，还应当持有房屋所有权证书。

2. 哪些商品房能够预售？

【解答】

依据《城市商品房预售管理办法》和《城市房地产管理法》第四十五条的相关规定，只有满足下列条件的商品房才能进行预售：

第一，已交付全部土地使用权出让金，取得土地使用权证书。如果商品房开发商没有交付全部的土地使用权出让金并取得土地使用权证书，就没有合法拥有房地产开发用地的土地使用权，因而不能进行房地产开发建设及商品房预售活动。

第二，持有建设工程规划许可证。我国《城乡规划法》规定，在城市、镇规划区内进行建筑物、构筑物、道路、管线和其他工程建设的，建设单位或者个人应当向城市、县人民政府城乡规划主管部门或者省、自治区、直辖市人民政府确定的镇人民政府申请办理建设工程规划许可证。如果购房者在购买预售商品房时发现开发商并没有取得建设工程规划许可证，就要留心开发商有可能因为缺乏相应的资质和证件而一直无法开工建设的问题。

第三，按提供预售的商品房计算，投入开发建设的资金达到工程建设总投资的百分之二十五以上，并已经确定施工进度和竣工交付日期。这一要求，是为了防止炒卖地皮的现象发生。而要求确定施工进度和竣工交付日期，则是为了保证商品房预售合同能够实际有效地履行。

第四，向县级以上人民政府房产管理部门办理预售登记，取得商品房预售许可证明。开发商只有取得了《商品房预售许可证》才能从事商品房预售的活动。购房者在购房时可以要求开发商出示《商品房预售许可证》，以证明其资质。

【法律依据】

《城市商品房预售管理办法》第五条 商品房预售应当符合下列条件：

(1)已交付全部土地使用权出让金，取得土地使用权证书；

(2)持有建设工程规划许可证和施工许可证；

(3)按提供预售的商品房计算，投入开发建设的资金达到工程建设总投资的百分之二十五以上，并已经确定施工进度和竣工交付日期。

《城市商品房预售管理办法》第六条 商品房预售实行许可制度。开发企业进行商品房预售，应当向房地产管理部门申请预售许可，取得《商品房预售许可证》。

未取得《商品房预售许可证》的，不得进行商品房预售。

《城市房地产管理法》第四十五条 商品房预售，应当符合下列条件：

(1)已交付全部土地使用权出让金，取得土地使用权证书；

(2)持有建设工程规划许可证；

(3)按提供预售的商品房计算，投入开发建设的资金达到工程建设总投资的百分之二十五以上，并已经确定施工进度和竣工交付日期；

(4)向县级以上人民政府房产管理部门办理预售登记，取得商品房预售许可证明。

商品房预售人应当按照国家有关规定将预售合同报县级以上人民政府房产管理部门和土地管理部门登记备案。

商品房预售所得款项，必须用于有关的工程建设。

3. 房屋毁损、灭失的风险从何时由开发商转移给购房者？

【解答】

我国《合同法》对买卖对象的风险转移采取交付主义，也就是说不管交付对象的所有权是否转移，只要已经交付，风险就随之转移到实际占有人。《最高院关于审理商品房买卖合同纠纷案件适用法律若干问题的解释》第十一条规定，除当事人另有约定外，对房屋的转移占有，视为房屋的交付使用，因此，只要开发商把房屋交付给了购房者，例如交了钥匙或者购房者已经在交房通知上签了字，那么房子毁损、灭失的风险就由购房者自己承担。

【法律依据】

《合同法》第一百四十二条　标的物毁损、灭失的风险，在标的物交付之前由出卖人承担，交付之后由买受人承担，但法律另有规定或者当事人另有约定的除外。

《最高院关于审理商品房买卖合同纠纷案件适用法律若干问题的解释》第十一条　对房屋的转移占有，视为房屋的交付使用，但当事人另有约定的除外。

房屋毁损、灭失的风险，在交付使用前由出卖人承担，交付使用后由买受人承担；买受人接到出卖人的书面交房通知，无正当理由拒绝接收的，房屋毁损、灭失的风险自书面交房通知确定的交付使用之日起由买受人承担，但法律另有规定或者当事人另有约定的除外。

4. 购房者购买的商品房出现质量问题时应当如何处理？

【解答】

当房屋出现质量问题时，可以分三种情况处理：

(1)购房者认为开发商交付使用的商品房属于主体结构质量不合格的，首先应该向工程质量监督单位申请重新核验，经核验确属主体结构质量不合格的，购房者有权解除商品房买卖合同，并要求开发商赔偿损失。

(2)购房者所购买的房屋质量问题不属于主体结构质量不合格，但因房屋质量问题严重影响正常居住使用的，购房者也可以请求解除合同和赔偿损失。“严重影响正常居住使用”一般是指购房者所购买的房屋出现严重质量问题，且该质量问题通过修复等亦无法保证购房者人身、财产安全及正常居住使用的情形。

(3)除上述两种情况外的房屋质量问题，在保修期内，购房者可要求开发商承担修复责任，如开发商拒绝修复或者在合理期限内拖延修复的，购房者可以自行或者委托他人修复，修复费用及修复期间造成的其他损失由开发商承担。

【法律依据】

《合同法》第一百四十八条　因标的物质量不符合质量要求，致使不能实现合同目的的，买受人可以拒绝接受标的物或者解除合同。买受人拒绝接受标的物或者解除合同的，标的物毁损、灭失的风险由出卖人承担。

《城市房地产开发经营管理条例》第三十一条　房地产开发企业应当在商品房交付使用时，向购买人提供住宅质量保证书和住宅使用说明书。

住宅质量保证书应当列明工程质量监督单位核验的质量等级、保修范围、保修期和保修单位等内容。房地产开发企业应当按照住宅质量保证书的约定，承担商品房保修责任。

保修期内，因房地产开发企业对商品房进行维修，致使房屋原使用功能受到影响，给购买人造成损失的，应当依法承担赔偿责任。

《城市房地产开发经营管理条例》第三十二条　商品房交付使用后，购买人认为主体结构质量不合格的，可以向工程质量监督单位申请重新核验。经核验，确属主体结构质量不合格的，购买人有权退房；给购买人造成损失的，房地产开发企业应当依法承担赔偿责任。

《最高院关于审理商品房买卖合同纠纷案件适用法律若干问题的解释》第十二条　因房屋主体结构质量不合格不能交付使用，或者房屋交付使用后，房屋主体结构质量经核验确属不合格，买受人请求解除合同和赔偿损失的，应予支持。

《最高院关于审理商品房买卖合同纠纷案件适用法律若干问题的解释》第十三条 因房屋质量问题严重影响正常居住使用，买受人请求解除合同和赔偿损失的，应予支持。

交付使用的房屋存在质量问题，在保修期内，出卖人应当承担修复责任；出卖人拒绝修复或者在合理期限内拖延修复的，买受人可以自行或者委托他人修复。修复费用及修复期间造成的其他损失由出卖人承担。

《商品房销售管理办法》第三十三条 房地产开发企业应当对所售商品房承担质量保修责任。当事人应当在合同中就保修范围、保修期限、保修责任等内容做出约定。保修期从交付之日起计算。

商品住宅的保修期限不得低于建设工程承包单位向建设单位出具的质量保修书约定保修期的存续期；存续期少于《规定》中确定的最低保修期限的，保修期不得低于《规定》中确定的最低保修期限。

非住宅商品房的保修期限不得低于建设工程承包单位向建设单位出具的质量保修书约定保修期的存续期。

在保修期限内发生的属于保修范围的质量问题，房地产开发企业应当履行保修义务，并对造成的损失承担赔偿责任。因不可抗力或者使用不当造成的损坏，房地产开发企业不承担责任。

《商品房销售管理办法》第三十五条 商品房交付使用后，买受人认为主体结构质量不合格的，可以依照有关规定委托工程质量检测机构重新核验。经核验，确属主体结构质量不合格的，买受人有权退房；给买受人造成损失的，房地产开发企业应当依法承担赔偿责任。

5. 房屋实际面积与预售面积不符时购房者该怎么办?

【解答】

当开发商交付的房屋的面积与合同约定的面积不符时，购房者可以遵循如下方法解决：

(1)购房合同约定了面积变化的解决方案的，依合同约定处理。

(2)购房合同没有约定，如果面积误差比绝对值在百分之三以内(含百分之三)，则不能解除合同，需按照合同约定的价格据实结算房款。

(3)购房合同没有约定，如果面积误差比绝对值超出百分之三，购房者可以选择解除合同或者继续履行合同。

面积误差比=(产权登记面积-合同约定面积)/合同约定面积×百分之百

【法律依据】

最高人民法院《关于审理商品房买卖合同纠纷案件适用法律若干问题的解释》第十四条　出卖人交付使用的房屋套内建筑面积或者建筑面积与商品房买卖合同约定面积不符，合同有约定的，按照约定处理；合同没有约定或者约定不明确的，按照以下原则处理：

(1)面积误差比绝对值在百分之三以内(含百分之三)，按照合同约定的价格据实结算，买受人请求解除合同的，不予支持；

(2)面积误差比绝对值超出百分之三，买受人请求解除合同、返还已付购房款及利息的，应予支持。买受人同意继续履行合同，房屋实际面积大于合同约定面积的，面积误差比在百分之三以内(含百分之三)部分的房价款由买受人按照约定的价格补足，面积误差比超出百分之三部分的房价款由出卖人承担，所有权归买受人；房屋实际面积小于合同约定面积的，面积误差比在百分之三以内(含百分之三)部分的房价款及利息由出卖人返还买受人，面积误差比超过百分之三部分的房价款由出卖人双倍返还买受人。

《商品房销售管理办法》第二十条　按套内建筑面积或者建筑面积计价的，当事人应当在合同中载明合同约定面积与产权登记面积发生误差的处理方式。

合同未做约定的，按以下原则处理：

(1)面积误差比绝对值在百分之三以内(含百分之三)的，据实结算房价款。

(2)面积误差比绝对值超出百分之三时，买受人有权退房。买受人退房的，房地产开发企业应当在买受人提出退房之日起三十日内将买受人已付房价款退还给买受人，同时支付已付房价款利息。买受人不退房的，产权登记面积大于合同约定面积时，面积误差比在百分之三以内(含百分之三)部分的房价款由买受人补足；超出百分之三部分的房价款由房地产开发企业承担，产权归买受人。产权登记面积小于合同约定面积时，面积误差比绝对值在百分之三以内(含百分之三)部分的房价款由房地产开发企业返还买受人；绝对值超出百分之三部分的房价款由房地产开发企业双倍返还买受人。

面积误差比=(产权登记面积-合同约定面积)/合同约定面积×百分之百

因本办法第二十四条规定的规划设计变更造成面积差异，当事人不解除合同的，应当签署补充协议。

6. 租用的房屋漏雨谁来负责维修?

【解答】

在房屋租赁合同中，如果没有特别约定，出租人应该承担房屋的修缮义务，以保护承租人对房屋的使用权。出租人不履行义务时，承租人有权要求其履行义务，造成损失的可以要求赔偿。

【法律依据】

《合同法》第二百二十条　出租人应当履行租赁物的维修义务，但当事人另有约定的除外。

《合同法》第二百二十一条　承租人在租赁物需要维修时可以要求出租人在合理期限内维修。出租人未履行维修义务的，承租人可以自行维修，维修费用由出租人负担。因维修租赁物影响承租人使用的，应当相应减少租金或者延长租期。

《商品房屋租赁管理办法》第九条　出租人应当按照合同约定履行房屋的维修义务并确保房屋和室内设施安全。未及时修复损坏的房屋，影响承租人正常使用的，应当按照约定承担赔偿责任或者减少租金。

房屋租赁合同期内，出租人不得单方面随意提高租金水平。

7. 开发商可以采取“售后包租”的促销方式吗？

【解答】

售后包租是房地产开发企业将商品房卖给购房者．并向购房者承诺，在商品房交付后，由开发商代为出租，以保证每月回收到不低于应支付的银行贷款的租金。从表面上看，能给购房者带来好处，但商品房能否出租、租金多少，是受市场需求供给量、地段、环境等多重因素影响，完全由市场决定，不受开发商控制。因此，在房屋建成后，开发商不见得能够按照合同约定的价格将房屋出租出去．从而给购房者带来不必要的麻烦。

我国《商品房销售管理办法》第 11 条明确规定了，房地产开发企业不得采取售后包租或者变相售后包租的方式销售未竣工的商品房；并规定对采取此种行为的开发商可以处以警告，责令限期改正，并可处以一万元以上三万元以下罚款的处罚。但这一规定对已竣工的房屋无效。

【法律依据】

《商品房销售管理办法》第十一条　房地产开发企业不得采取返本销售或者变相返本销售的方式销售商品房。

房地产开发企业不得采取售后包租或者变相售后包租的方式销售未竣工商品房。

《商品房销售管理办法》第四十二条　房地产开发企业在销售商品房中有下列行为之一的，处以警告，责令限期改正，并可处以一万元以上三万元以下罚款。

(1)未按照规定的现售条件现售商品房的；

(2)未按照规定在商品房现售前将房地产开发项目手册及符合商品房现售条件的有关证明文件报送房地产开发主管部门备案的

(3)返本销售或者变相返本销售商品房的；

(4)采取售后包租或者变相售后包租方式销售未竣工商品房的

(5)分割拆零销售商品住宅的；

(6)不符合商品房销售条件，向买受人收取预订款性质费用的

(7)未按照规定向买受人明示《商品房销售管理办法》《商品房买卖合同示范文本》《城市商品房预售管理办法》的；

(8)委托没有资格的机构代理销售商品房的。

8. 租赁期满后，租约能不能“自动续约”？

【解答】

我国法律没有自动续约的规定，租赁期满，双方没有明确约定租赁期限的，则租赁期限视为不定期租赁。依法律规定，业主有权随时终止租赁合同，要求承租人搬出房屋，但要给承租人必要的准备时间；承租人也有权随时终止租赁合同，但要及时通知业主。

【法律依据】

《合同法》第二百三十二条　当事人对租赁期限没有约定或者约定不明确，依照本法第六十一条的规定仍不能确定的，视为不定期租赁。当事人可以随时解除合同，但出租人解除合同应当在合理期限之前通知承租人。

9. 没有办理产权证的商品房可以买卖吗？

【解答】

不能。我国《城市房地产管理法》第三十八条第六项明确规定了没有依法领取权属证书的房地产不得转让。

【法律依据】

《城市房地产管理法》第三十八条　下列房地产，不得转让：

(1) 以出让方式取得土地使用权的，不符合本法第三十九条规定的条件的；

(2) 司法机关和行政机关依法裁定、决定查封或者以其他形式限制房地产权利的；

(3) 依法收回土地使用权的；

(4) 共有房地产，未经其他共有人书面同意的；

(5) 权属有争议的；

(6) 未依法登记领取权属证书的；

(7) 法律、行政法规规定禁止转让的其他情形。

10. 已经被抵押的房屋能否购买？

【解答】

被抵押的房产能否购买要看具体情况。根据《城市房地产抵押管理办法》的规定，抵押权转让时，应当签署抵押权转让合同，并办理抵押权变更登记。抵押权转让后，原抵押权人应当告知抵押人。经抵押权人同意，抵押房产可以转让。如果抵押人未通知抵押权人或者未告知受让人的，转让行为则无效。如果开发商将抵押的房产进行销售，在办理预售登记或产权过户时，应向登记机关提交抵押权人同意书、受让人已知房产抵押的声明书，以及其他有关书证。如果购房者不小心购买到已被抵押的房屋，可以选择为房屋抵押人清偿债务，注销房屋抵押后办理房屋产权证。或者要求退房并要求房屋出售人承担不超过已付购房款一倍的赔偿责任。

【法律依据】

《城市房地产抵押管理办法》第三十七条　抵押权可以随债权转让。抵押权转让时，应当签订抵押权转让合同，并办理抵押权变更登记。抵押权转让后，原抵押权人应当告知抵押人。

经抵押权人同意，抵押房地产可以转让或者出租。

抵押房地产转让或者出租所得价款，应当向抵押权人提前清偿所担保的债权。超过债权数额的部分，归抵押人所有，不足部分由债务人清偿。

《城市房地产抵押管理办法》第六十七条　抵押权存续期间，抵押人转让抵押物未通知抵押权人或者未告知受让人的，如果抵押物已经登记的，抵押权人仍可以行使抵押权；取得抵押物所有权的受让人，可以代替债务人清偿其全部债务，使抵押权消灭。受让人清偿债务后可以向抵押人追偿。

如果抵押物未经登记的，抵押权不得对抗受让人，因此给抵押权人造成损失的，由抵押人承担赔偿责任。

最高人民法院《关于审理商品房买卖合同纠纷案件适用法律若干问题的解释》第九条 出卖人订立商品房买卖合同时，具有下列情形之一，导致合同无效或者被撤销、解除的，买受人可以请求返还已付购房款及利息、赔偿损失，并可以请求出卖人承担不超过已付购房款一倍的赔偿责任：

(1)故意隐瞒没有取得商品房预售许可证明的事实或者提供虚假商品房预售许可证明；

(2)故意隐瞒所售房屋已经抵押的事实；

(3)故意隐瞒所售房屋已经出卖给第三人或者为拆迁补偿安置房屋的事实。

11. 梁先生与房主签订了购房合同，房款分两次付清，先付十万元，办理产权转移登记时再支付剩余的四十万元。一周后，梁先生准备办理过户手续，却被告知此房已经卖给齐某，并办理了过户手续。此时，该房产应该归谁所有？

【解答】

我国遵循的是不动产登记制度，梁先生与房主签订房产买卖协议后，因没有及时办理产权转移登记，所购的房屋未发生物权变动，在此期间，房主又将此房出售给齐某，并办理了产权转移登记，如果齐某购买此房时不知道房主已经和梁先生签订了房屋买卖协议，并且支付了合理价款，齐某应该享有房屋的所有权。梁先生只能就自己的损失向房主主张权利。

【法律依据】

《中华人民共和国物权法》第九条　不动产物权的设立、变更、转让和消灭，经依法登记，发生效力；未经登记的，不发生效力，但法律另有规定的除外。

《中华人民共和国物权法》第十五条　当事人之间订立有关设立、变更、转让和消灭不动产物权的合同，除法律另有规定或者合同另有约定外，自合同成立时生效；未办理物权登记的，不影响合同效力。

《中华人民共和国合同法》第一百一十三条　当事人一方不履行合同义务或者履行合同义务不符合约定，给对方造成损失的，损失赔偿额应当相当于因违约所造成的损失，包括合同履行后可以获得的利益，但不得超过违反合同一方订立合同时预见到或者应当预见到的因违反合同可能造成的损失。

12. 承租人在没有经过出租人同意的情况下，将该房屋出租给其他人，承租人和第三人之间所签订的租赁合同是否有效？

【解答】

作为承租人，未经出租人同意擅自转租房屋的行为既侵犯了出租人的权利，也违反了法律的规定，属于非法转租，该转租合同应归于无效，已构成违约。对此，我国相关法律明确规定，承租人经出租人同意，可以将租赁物转租给第三人，但是转租期限不得超过承租人剩余租期，如果承租人未经出租人同意转租房屋的，出租人可以解除合同。

【法律依据】

《合同法》第二百二十四条 承租人经出租人同意，可以将租赁物转租给第三人。承租人转租的，承租人与出租人之间的租赁合同继续有效，第三人对租赁物造成损失的，承租人应当赔偿损失。

承租人未经出租人同意转租的，出租人可以解除合同。

《商品房屋租赁管理办法》第十一条 承租人转租房屋的，应当经出租人书面同意。

承租人未经出租人书面同意转租的，出租人可以解除租赁合同，收回房屋并要求承租人赔偿损失。

《城镇房屋租赁司法解释》第十五条 承租人经出租人同意将租赁房屋转租给第三人时，转租期限超过承租人剩余租赁期限的，人民法院应当认定超过部分的约定无效。但出租人与承租人另有约定的除外。

《城镇房屋租赁司法解释》第十六条 出租人知道或者应当知道承租人转租，但在六个月内未提出异议，其以承租人未经同意为由请求解除合同或者认定转租合同无效的，人民法院不予支持。

因租赁合同产生的纠纷案件，人民法院可以通知次承租人作为第三人参加诉讼。

13. 承租人装修房屋，可以改变房屋结构吗？

【解答】

出租人在未经过承租人同意的情况下，改变房屋结构，是违约行为。作为出租人可以根据自己的意愿，通过协商或其他途径，要求承租人承担违约责任或者承担侵权责任，如恢复原状，赔偿损失等。

【法律依据】

《商品房屋租赁管理办法》第十条　承租人应当按照合同约定的租赁用途和使用要求合理使用房屋，不得擅自改动房屋承重结构和拆改室内设施，不得损害其他业主和使用人的合法权益。

承租人因使用不当等原因造成承租房屋和设施损坏的，承租人应当负责修复或者承担赔偿责任。

《最高人民法院关于审理城镇房屋租赁合同纠纷案件具体应用法律若干问题的解释》第七条　承租人擅自变动房屋建筑主体和承重结构或者扩建，在出租人要求的合理期限内仍不予恢复原状，出租人请求解除合同并要求赔偿损失的，人民法院依照合同法第二百一十九条的规定处理。

《合同法》第二百二十三条　承租人经出租人同意，可以对租赁物进行改善或者增设他物。

承租人未经出租人同意，对租赁物进行改善或者增设他物的，出租人可以要求承租人恢复原状或者赔偿损失。

14. 开发商在商品房销售广告中作出的承诺有法律约束力吗?

【解答】

购房者在判断开发商在商品房销售广告中做出的承诺有无法律约束力时，要看售楼广告的内容是否“就商品房开发规划范围内的房屋及相关设施所做的说明和允诺具体确定，并对商品房买卖合同的订立以及房屋价格的确定有重大影响”。如果满足上述条件，那么售楼广告就可以视为要约，即使未明确写入合同，也可以约束开发商。

一般来讲，商品房销售广告中经常出现的“南北朝向”、“百分之六十以上绿地覆盖”、“六千平方米社区服务中心”等内容，直接影响到房屋的售价，可以看成要约。而诸如“风光秀丽”、“景色宜人”等宣传，则只能作为要约邀请，对开发商没有法律约束力。

【法律依据】

《合同法》第十四条　要约是希望和他人订立合同的意思表示，该意思表示应当符合下列规定：

(1) 内容具体确定；

(2) 表明经受要约人承诺，要约人即受该意思表示约束。

《合同法》第十五条　要约邀请是希望他人向自己发出要约的意思表示。寄送的价目表、拍卖公告、招标公告、招股说明书、商业广告等为要约邀请。

商业广告的内容符合要约规定的，视为要约。

《最高人民法院关于审理商品房买卖合同纠纷案件适用法律若干问题的解释》第三条　商品房的销售广告和宣传资料为要约邀请，但是出卖人就商品房开发规划范围内的房屋及相关设施所做的说明和允诺具体确定，并对商品房买卖合同的订立以及房屋价格的确定有重大影响的，应当视为要约。该说明和允诺即使未载入商品房买卖合同，亦应当视为合同内容，当事人违反的，应当承担违约责任。

15. 开发商延迟交房，购房者如何维权？

【解答】

开发商延期交房的行为属于一种违约行为。购房者可以采取以下方法维权：

(1)可以要求开发商承担继续履行合同、采取补救措施、赔偿损失等违约责任。

(2)如果商品房买卖合同中约定了违约金的，购房者还可以要求开发商支付违约金。

(3)要求退房。开发商延迟交付房屋，经催告后三个月内仍未履行的，购房者可以要求解除合同，但购房者应当在三个月合理期限期满后一年内行使解除权，否则无法退房。

在此特别提醒购房者，如果发生开发商延期交房的情况，一定要保留好相关证据，并通知开发商，要求其及时履行交房义务，一定不要作出免除其违约责任的承诺。

【法律依据】

《合同法》第一百零七条 当事人一方不履行合同义务或者履行合同义务不符合约定的，应当承担继续履行、采取补救措施或者赔偿损失等违约责任。

《合同法》第一百一十二条 当事人一方不履行合同义务或者履行合同义务不符合约定的，在履行义务或者采取补救措施后，对方还有其他损失的，应当赔偿损失。

《最高人民法院关于审理商品房买卖合同纠纷案件适用法律若干问题的解释》第十五条 根据《合同法》第九十四条的规定，出卖人迟延交付房屋或者买受人迟延支付购房款，经催告后在三个月的合理期限内仍未履行，当事人一方请求解除合同的，应予支持，但当事人另有约定的除外。

法律没有规定或者当事人没有约定，经对方当事人催告后，解除权行使的合理期限为三个月。对方当事人没有催告的，解除权应当在解除权发生之日起一年内行使；逾期不行使的，解除权消灭。

16. 购房过程中，一方当事人违约，违约金数额或者损害赔偿数额如何确定？

【解答】

计算违约金数额或者损害赔偿数额的方法大致有三种：一是按照合同约定的方法计算；二是按照实际发生的损失额计算；三是直接根据相关法律规定计算。三种方法在适用时，首先依照合同约定，如果合同没有约定或没有明确约定，则按照实际损失计算，如果当事人之间既没有约定又难以确定实际损失的，则按照法律规定计算。

【法律依据】

《合同法》第一百一十二条 当事人一方不履行合同义务或者履行合同义务不符合约定的，在履行义务或者采取补救措施后，对方还有其他损失的，应当赔偿损失。

《合同法》第一百一十三条 当事人一方不履行合同义务或者履行合同义务不符合约定，给对方造成损失的，损失赔偿额应当相当于因违约所造成的损失，包括合同履行后可以获得的利益，但不得超过违反合同一方订立合同时预见到或者应当预见到的因违反合同可能造成的损失。

经营者对消费者提供商品或者服务有欺诈行为的，依照《中华人民共和国消费者权益保护法》的规定承担损害赔偿责任。

《合同法》第一百一十四条 当事人可以约定一方违约时应当根据违约情况向对方支付一定数额的违约金，也可以约定因违约产生的损失赔偿额的计算方法。

约定的违约金低于造成的损失的，当事人可以请求人民法院或者仲裁机构予以增加；约定的违约金过分高于造成的损失的，当事人可以请求人民法院或者仲裁机构予以适当减少。

当事人就迟延履行约定违约金的，违约方支付违约金后，还应当履行债务。

最高人民法院《关于审理商品房买卖合同纠纷案件适用法律若干问题的解释》第十六条 当事人以约定的违约金过高为由请求减少的，应当以违约金超过造成的损失百分之三十为标准适当减少；当事人以约定的违约金低于造成的损失为由请求增加的，应当以违约造成的损失确定违约金数额。

最高人民法院《关于审理商品房买卖合同纠纷案件适用法律若干问题的解释》第十七条　商品房买卖合同没有约定违约金数额或者损失赔偿额计算方法，违约金数额或者损失赔偿额可以参照以下标准确定：

逾期付款的，按照未付购房款总额，参照中国人民银行规定的金融机构计收逾期贷款利息的标准计算。

逾期交付使用房屋的，按照逾期交付使用房屋期间有关主管部门公布或者有资格的房地产评估机构评定的同地段同类房屋租金标准确定。

17. 没有办理产权过户登记，会不会影响商品房买卖合同的效力？

【解答】

不会。我国法律、行政法规没有规定商品房买卖合同必须办理过户登记才生效。因此只要买卖合同是出于双方当事人真实意愿签订的，而且没有违反法律、行政法规的强制性规定，就是有效的，办理过户只是购房者取得房屋所有权的前提，并不是合同生效的前提。

【法律依据】

《合同法》第四十四条　依法成立的合同，自成立时生效。

法律、行政法规规定应当办理批准、登记等手续生效的，依照其规定。

18. 农村房屋是否可以赠予?

【解答】

依据我国现行法律规定，宅基地属于集体经济组织所有，个人不具有宅基地所有权，只有占有和使用的权利，但是宅基地上所建房屋的所有权属于个人，是私有财产的一部分，依照《物权法》规定，个人对其动产和不动产享有占有、使用、收益和处分的权利。因此只要是农村房屋的合法所有权人就可以将该房屋赠送他人。

【法律依据】

《物权法》第三十九条　所有权人对自己的不动产或者动产，依法享有占有、使用、收益和处分的权利。

《物权法》第六十四条　私人对其合法的收入、房屋、生活用品、生产工具、原材料等不动产和动产享有所有权。

《物权法》第一百五十二条　宅基地使用权人依法对集体所有的土地享有占有和使用的权利，有权依法利用该土地建造住宅及其附属设施。

19. 农村房屋共同共有人擅自卖掉房屋，其他共有人能否追回?

【解答】

如果共同共有人之间没有特别约定的，则未经共有人同意擅自卖掉房屋的行为是效力待定的，出卖人是无权处分行为，如果共有人不同意，可以拒绝追认该出卖行为，从而追回房屋。但是，如果受让人为善意第三人并且支付了合理的对价同时办理了房屋转让登记的，则应维护第三人的利益，使第三人终局取得房屋的所有权，共有人不能追回。

【法律依据】

《物权法》第九十五条　共同共有人对共有的不动产或者动产共同享有所有权。

《物权法》第九十七条　处分共有的不动产或者动产以及对共有的不动产或者动产作重大修缮的，应当经占份额三分之二以上的按份共有人或者全体共同共有人同意，但共有人之间另有约定的除外。

《物权法》第一百零六条　无处分权人将不动产或者动产转让给受让人的，所有权人有权追回；除法律另有规定外，符合下列情形的，受让人取得该不动产或者动产的所有权：

(1)受让人受让该不动产或者动产时是善意的；

(2)以合理的价格转让；

(3)转让的不动产或者动产依照法律规定应当登记的已经登记，不需要登记的已经交付给受让人。

受让人依照前款规定取得不动产或者动产的所有权的，原所有权人有权向无处分权人请求赔偿损失。

当事人善意取得其他物权的，参照前两款规定。

20. 租赁合同无效后，出租人是否可以向承租人主张占用房屋的费用？

【解答】

由于承租人占有使用了出租人的房屋，租赁合同无效后，承租人所获得的利益属于不能返还的财产，因此应该折价返还。但是，占有使用费不一定等于约定的租金价格，其具体数额的确定需要由法院综合考虑承租人的过错程度、承租方对房屋的利用程度、约定的租金价格等因素，根据个案综合考量。

【法律依据】

《合同法》第五十八条　合同无效或者被撤销后，因该合同取得的财产，应当予以返还；不能返还或者没有必要返还的，应当折价补偿。有过错的一方应当赔偿对方因此所受到的损失，双方都有过错的，应当各自承担相应的责任。

《城镇房屋租赁合同司法解释》第五条　房屋租赁合同无效，当事人请求参照合同约定的租金标准支付房屋占有使用费的，人民法院一般应予支持。

当事人请求赔偿因合同无效受到的损失，人民法院依照合同法的有关规定和本司法解释第九条、第十三条、第十四条的规定处理。

《城镇房屋租赁合同司法解释》第十八条　房屋租赁合同无效、履行期限届满或者解除，出租人请求负有腾房义务的次承租人支付逾期腾房占有使用费的，人民法院应予支持。

21. 租房时必须签订书面合同吗？

【解答】

房屋租赁关系涉及承租人和出租人双方的权利义务，特别是涉及金钱且权利义务关系相对复杂，口头形式不利于稳定租赁关系，因此我国法律规定，承租人和出租人应当签订书面租赁合同，这里的书面也包括电报、电传、传真、电子邮件等可以有形地表现所载内容的形式。但是如果租赁期限是六个月以下的则没有强制规定。

【法律依据】

《城市房地产管理法》第五十三条　房屋租赁，出租人和承租人应当签订书面租赁合同，约定租赁期限、租赁用途、租赁价格、修缮责任等条款，以及双方的其他权利和义务，并向房产管理部门登记备案。

《合同法》第十一条　书面形式是指合同书、信件和数据电文(包括电报、电传、传真、电子数据交换和电子邮件)等可以有形地表现所载内容的形式。

《合同法》第二百一十五条　租赁期限六个月以上的，应当采用书面形式。当事人未采用书面形式的，视为不定期租赁。

22. 未取得产权证的“房主”与承租人签订的租赁合同有效吗？

【解答】

现实生活中，未取得产权证的“房东”一般有以下几种情况：

(1)该“房东”不是真正的房屋所有人。①如果房屋权属没有争议，有人谎称“房东”与承租人签订了租赁合同，则该行为属于无权处分，租赁合同效力待定，合同是否有效要真房屋所有权人最后决定。这种情况风险极大，很可能出现承租人将多月租金交给假房东，而最后被真房东扫地出门的情况。②如果房屋权属本身存在争议。租赁房屋可以正常使用时，该租赁合同有效，一旦权属争议导致房屋无法使用，承租人可以单方解除租赁合同，此后由签约的出租人承担赔偿责任。

（2）该房东拥有的建筑不合法。如果租赁房屋本身不合法则租赁合同无效。但如果在一审法庭辩论终结前取得建设工程规划许可证或者经主管部门批准建设的，则有效。

（3）该房东是依继承取得的房屋所有权但没有办理变更登记。如果租赁房屋是被合法继承的，继承人就自动取得房屋的所有权，因此，其以“房东”名义签订的房屋租赁合同为有效。但需要指出的是，由于这种情况下租赁合同不能依法进行备案登记，可能会影响租赁合同当事人权利实现。

【法律依据】

《合同法》第五十一条　无处分权的人处分他人财产，经权利人追认或者无处分权的人订立合同后取得处分权的，该合同有效。

《城镇房屋租赁合同司法解释》第二条　出租人就未取得建设工程规划许可证或者未按照建设工程规划许可证的规定建设的房屋，与承租人订立的租赁合同无效。但在一审法庭辩论终结前取得建设工程规划许可证或者经主管部门批准建设的，人民法院应当认定有效。

《城镇房屋租赁合同司法解释》第三条　出租人就未经批准或者未按照批准内容建设的临时建筑，与承租人订立的租赁合同无效。但在一审法庭辩论终结前经主管部门批准建设的，人民法院应当认定有效。

租赁期限超过临时建筑的使用期限，超过部分无效。但在一审法庭辩论终结前经主管部门批准延长使用期限的，人民法院应当认定延长使用期限内的租赁期间有效。

《城镇房屋租赁合同司法解释》第八条　因下列情形之一，导致租赁房屋无法使用，承租人请求解除合同的，人民法院应予支持：

(1)租赁房屋被司法机关或者行政机关依法查封的；

(2)租赁房屋权属有争议的；

(3)租赁房屋具有违反法律、行政法规关于房屋使用条件强制性规定情况的。

《物权法》第二十九条　因继承或者受遗赠取得物权的，自继承或者受遗赠开始时发生效力。

23. 房屋租赁期限有什么特殊规定，最长租期为多久？

【解答】

我国《合同法》对租赁合同约定的期限有特殊规定，最长为二十年，如果约定的租期超过二十年的则超过部分无效，租赁关系存续二十年时，租赁合同被视为届满，当事人需要续订合同的，续订的期限同样最长为二十年。如果二十年期满当事人没有续订，承租人仍使用租赁的房屋的，则视为不定期租赁，双方当事人可以随时解除合同。

【法律依据】

《合同法》第二百一十四条　租赁期限不得超过二十年。超过二十年的，超过部分无效。

租赁期间届满，当事人可以续订租赁合同，但约定的租赁期限自续订之日起不得超过二十年。

《合同法》第二百三十二条　当事人对租赁期限没有约定或者约定不明确，依照本法第六十一条的规定仍不能确定的，视为不定期租赁。当事人可以随时解除合同，但出租人解除合同应当在合理期限之前通知承租人。

《合同法》第二百三十六条　租赁期间届满，承租人继续使用租赁物，出租人没有提出异议的，原租赁合同继续有效，但租赁期限为不定期。

24. 承租人不当使用导致租赁房屋毁损的应当承担哪些责任？

【解答】

如果是正常使用的折旧，房屋有毁损的承租人无须承担赔偿责任，如果是由于承租人使用不当造成房屋毁损的，根据《合同法》和《商品房屋租赁管理办法》等相关法律的规定，承租人应当负责修复或者承担维修费用，承租人可以解除合同并要求赔偿违约造成的损失。

【法律依据】

《合同法》第二百一十八条　承租人按照约定的方法或者租赁物的性质使用租赁物，致使租赁物受到损耗的，不承担损害赔偿责任。

《合同法》第二百一十九条　承租人未按照约定的方法或者租赁物的性质使用租赁物，致使租赁物受到损失的，出租人可以解除合同并要求赔偿损失。

《商品房屋租赁管理办法》第十条　承租人应当按照合同约定的租赁用途和使用要求合理使用房屋，不得擅自改动房屋承重结构和拆改室内设施，不得损害其他业主和使用人的合法权益。

承租人因使用不当等原因造成承租房屋和设施损坏的，承租人应当负责修复或者承担赔偿责任。

《城镇房屋租赁司法解释》第七条　承租人擅自变动房屋建筑主体和承重结构或者扩建，在出租人要求的合理期限内仍不予恢复原状，出租人请求解除合同并要求赔偿损失的，人民法院依照合同法第二百一十九条的规定处理。

25. 承租人拒不支付租金的，出租人是否可以扣留承租人的物品？

【解答】

如果租赁双方在租赁合同中明确规定如果承租人拒不支付租金，出租人有权自由处分租赁房屋内承租人物品冲抵拖欠费用时，出租人可以扣留承租人物品，如果双方没有这样的约定，那么出租人无权扣留承租人的物品。但是出租人可以依据法律规定要求承租人支付，拒不支付的可以解除合同。

【法律适用】

《合同法》第二百二十六条　承租人应当按照约定的期限支付租金。对支付期限没有约定或者约定不明确，依照本法第六十一条的规定仍不能确定，租赁期间不满一年的，应当在租赁期间届满时支付；租赁期间一年以上的，应当在每届满一年时支付，剩余期间不满一年的，应当在租赁期间届满时支付。

《合同法》第二百二十七条 承租人无正当理由未支付或者迟延支付租金的，出租人可以要求承租人在合理期限内支付。承租人逾期不支付的，出租人可以解除合同。

26. 经出租人同意转租房屋，次承租人造成房屋毁损的，出租人可以追究谁的责任？

【解答】

承租人经出租人同意将房屋转给次承租人的，在同一个房屋上就产生了三个主体。首先，根据《物权法》等法律规定，因过错造成他人不动产毁损的，不动产所有人可以要求侵权人承担恢复原状、赔偿损失的责任，即次承租人担责。

其次，依据《合同法》第二百二十四条规定，无论转租后承租人是否与次承租人一同占有房屋，也不论承租人对房屋毁损是否有过错，承租人和次承租人承担连带赔偿责任。出租人既可以要求次承租人承担责任也可以要求承租人承担责任，但二者赔偿总额不得高于实际损失。

【法律依据】

《物权法》第三十六条 造成不动产或者动产毁损的，权利人可以请求修理、重做、更换或者恢复原状。

《物权法》第三十七条 侵害物权，造成权利人损害的，权利人可以请求损害赔偿，也可以请求承担其他民事责任。

《侵权责任法》第三条 被侵权人有权请求侵权人承担侵权责任。

《侵权责任法》第七条 行为人损害他人民事权益，不论行为人有无过错，法律规定应当承担侵权责任的，依照其规定。

《侵权责任法》第十五条 承担侵权责任的方式主要有：

(1)停止侵害；

(2)排除妨碍；

(3)消除危险；

(4)返还财产；

(5)恢复原状；

(6)赔偿损失；

(7)赔礼道歉；

(8)消除影响、恢复名誉。

以上承担侵权责任的方式，可以单独适用，也可以合并适用。

《合同法》第二百二十四条 承租人经出租人同意，可以将租赁物转租给第三人。承租人转租的，承租人与出租人之间的租赁合同继续有效，第三人对租赁物造成损失的，承租人应当赔偿损失。

承租人未经出租人同意转租的，出租人可以解除合同。

27. 什么是承租人的优先购买权？

【解答】

在租赁关系存续期间，房屋由承租人占有使用，如果出租人有意转让租赁房屋所有权，同等条件下，承租人有优先购买的权利。根据《合同法》规定，承租人优先购买权的条件是：①出租人出售房屋是在租赁合同存续期间；②承租人购买房屋条件与第三人相同；③必须在合理期限内。承租人可以选择购买也可以选择放弃，他人无权干涉，但如果承租人明确表示放弃优先购买权，事后不得再次主张。对于承租人的优先购买权法律也规定了例外情况，即当买方是租赁房屋的共有人或者出租人的近亲属时，承租人就无法主张优先购买权。

【法律依据】

《合同法》第二百三十条 出租人出卖租赁房屋的，应当在出卖之前的合理期限内通知承租人，承租人享有以同等条件优先购买的权利。

《商品房屋租赁管理办法》第十三条 房屋租赁期间出租人出售租赁房屋的，应当在出售前合理期限内通知承租人，承租人在同等条件下有优先购买权。

《城镇房屋租赁合同司法解释》第二十一条 出租人出卖租赁房屋未在合理期限内通知承租人或者存在其他侵害承租人优先购买权情形，承租人请求出租人承担赔偿责任的，人民法院应予支持。但请求确认出租人与第三人签订的房屋买卖合同无效的，人民法院不予支持。

《城镇房屋租赁合同司法解释》第二十四条 具有下列情形之一，承租人主张优先购买房屋的，人民法院不予支持：

(1) 房屋共有人行使优先购买权的；

(2) 出租人将房屋出卖给近亲属，包括配偶、父母、子女、兄弟姐妹、祖父母、外祖父母、孙子女、外孙子女的；

(3) 出租人履行通知义务后，承租人在十五日内未明确表示购买的；

(4) 第三人善意购买租赁房屋并已经办理登记手续的。

28. 承租人的优先购买权可以继承或者转让吗?

【解答】

承租人的优先购买权是为了维护出承租人对租赁房屋的占有，保护租赁关系，是承租人的一项专属权，不能单独转让或者继承，但如果租赁合同出现概括转让时则优先购买权随之一并转移。例如承租人在租赁期间死亡，与其生前共同居住的人、个体工商户的共同经营人、合伙经营的合伙人可以按照原来的租赁合同租赁该房屋，此时优先购买权也一并转让给他们，即发生概括转让。

【法律依据】

《合同法》第二百三十四条　承租人在房屋租赁期间死亡的，与其生前共同居住的人可以按照原租赁合同租赁该房屋。

《城镇房屋租赁合同司法解释》第十九条　承租人租赁房屋用于以个体工商户或者个人合伙方式从事经营活动，承租人在租赁期间死亡、宣告失踪或者宣告死亡，其共同经营人或者其他合伙人请求按照原租赁合同租赁该房屋的，人民法院应予支持。

《商品房屋租赁管理办法》第十二条　房屋租赁期间内，因赠予、析产、继承或者买卖转让房屋的，原房屋租赁合同继续有效。

承租人在房屋租赁期间死亡的，与其生前共同居住的人可以按照原租赁合同租赁该房屋。

29. 房屋租赁期间发生继承，承租人能否继续占有使用租赁房屋？

【解答】

房屋因继承发生所有权变动的，不影响租赁合同的效力。继承人在取得租赁房屋所有权时就与承租人自动产生了租赁关系，成为新的租赁人，继承了原来出租人的权利和义务，因此，只要承租人按时缴纳租金，就可以继续占有使用租赁房屋，继承人不能以房屋所有人变动为由单方面解除合同。

【法律依据】

《合同法》第二百二十九条　租赁物在租赁期间发生所有权变动的，不影响租赁合同的效力。

最高人民法院《关于审理城镇房屋租赁合同纠纷案件具体应用法律若干问题的解释》第二十条　租赁房屋在租赁期间发生所有权变动，承租人请求房屋受让人继续履行原租赁合同的，人民法院应予支持。但租赁房屋具有下列情形或者当事人另有约定的除外：

(1)房屋在出租前已设立抵押权，因抵押权人实现抵押权发生所有权变动的；

(2)房屋在出租前已被人民法院依法查封的。

《商品房屋租赁管理办法》第十二条　房屋租赁期间内，因赠予、析产、继承或者买卖转让房屋的，原房屋租赁合同继续有效。

承租人在房屋租赁期间死亡的，与其生前共同居住的人可以按照原租赁合同租赁该房屋。

30. 商品房买卖中的“定金”和“订金”的区别是什么？

【解答】

定金的作用是担保合同的成立、履行，具有担保的性质，是承担违约责任的一种形式。法律规定了定金罚则。即当购房者将定金交给开发商之后，如果双方顺利签订了合同，那么购房者可以要回定金或者抵充购房款，如果因为购房者本人原因没有签订购房合同的开发商不返还定金，若是因为开发商的原因无法签订购房合同的，开发商应双倍返还定金。

订金是在交易尚未完成时，双方为了表示诚意交付的部分款项，实质上具有预付款的性质，如果此时某一方违约，接受订金一方应将订金返还给交付方。

【法律依据】

最高人民法院《关于适用〈中华人民共和国担保法〉若干问题的解释》第一百一十五条　当事人约定以交付定金作为订立主合同担保的，给付定金的一方拒绝订立主合同的，无权要求返还定金；收受定金的一方拒绝订立合同的，应当双倍返还定金。

最高人民法院《关于适用〈中华人民共和国担保法〉若干问题的解释》第一百一十八条　当事人交付留置金、担保金、保证金、订约金、押金或者订金等，但没有约定定金性质的，当事人主张定金权利的，人民法院不予支持。

《商品房销售管理办法》第二十二条　不符合商品房销售条件

的，房地产开发企业不得销售商品房，不得向买受人收取任何预订款性质费用。

符合商品房销售条件的，房地产开发企业在订立商品房买卖合同之前向买受人收取预订款性质费用的，订立商品房买卖合同时，所收费用应当抵作房价款；当事人未能订立商品房买卖合同的，房地产开发企业应当向买受人返还所收费用；当事人之间另有约定的，从其约定。

31. 承租人可以自行装修承租的房屋吗？

【解答】

我国法律规定承租人装修房屋需要取得出租人的同意，不得擅自对房屋进行装修。若承租人没有得到出租人的同意，私自对租赁的房屋进行装修的，承租人不仅要恢复原来的状态，还要赔偿出租人的相关损失。

【法律依据】

《合同法》第二百二十三条　承租人经出租人同意，可以对租赁物进行改善或者增设他物。

承租人未经出租人同意，对租赁物进行改善或者增设他物的，出租人可以要求承租人恢复原状或者赔偿损失。

32. 借名合同有效吗？

【解答】

借名合同是指实际出资人和名义上的购房人不一致的情况，

借名合同是否无效也适用合同法中关于无效合同的规定。如果借名合同违反了法律、行政法规的强制性规定或者以欺诈胁迫的手段订立合同，则此借名合同无效，例如不满足购买经济适用房的购房人借用其他有资格购买经济适用房者的名义购房的，此时属于合法手段掩盖非法目的，此时的合同无效，但如果借名合同不违法，不存在欺诈、胁迫的手段，不损害国家、他人或公共利益，目的也不属于非法，亦未违反法律、行政法规的强制性规定，或者违法事项在事后消除的，则该借名合同属于有效合同。

【法律依据】

《合同法》第五十二条　有下列情形之一的，合同无效：

(1)一方以欺诈、胁迫的手段订立合同，损害国家利益；

(2)恶意串通，损害国家、集体或者第三人利益；

(3)以合法形式掩盖非法目的；

(4)损害社会公共利益；

(5)违反法律、行政法规的强制性规定。

33. 开发商擅自变更设计，购房者能否退房？

【解答】

依据我国相关法律规定，若商品房结构发生变化，如果开发商在十日内书面通知了购房者的，购房者有权在十五日内自行决定是否退房，如果开发商未在规定时限内通知购房者的，购房者有权退房；购房者退房的，由房地产开发企业承担违约责任。

【法律依据】

《商品房销售管理办法》第二十四条　经规划部门批准的规划变更、设计单位同意的设计变更导致商品房的结构形式、户型、空间尺寸、朝向变化，以及出现合同当事人约定的其他影响商品房质量或者使用功能情形的，房地产开发企业应当在变更确立之日起十日内，书面通知买受人。买受人有权在通知到达之日起十五日内做出是否退房的书面答复。买受人在通知到达之日起十五日内未做书面答复的，视同接受规划、设计变更以及由此引起的房价款的变更。

34. 开发商与顶楼业主约定，楼顶归顶楼业主所有，这一约定有效吗？

【解答】

无效。楼顶空间的所有权归属于全体业主共有，不能归属于顶层业主专用。其占有、使用、收益、处分，都是全体业主的权利，由他们共同支配。开发商与个别业主的约定不能对抗小区内全体业主的权利。因此，开发商和顶层业主约定楼顶空间归属于该业主专有使用的，一律无效。

【法律依据】

《物权法》第七十条　业主对建筑物内的住宅、经营性用房等专有部分享有所有权，对专有部分以外的共有部分享有共有和共同管理的权利。

《物权法》第七十一条　业主对其建筑物专有部分享有占有、使用、收益和处分的权利。业主行使权利不得危及建筑物的安全，不得损害其他业主的合法权益。

《物权法》第七十二条　业主对建筑物专有部分以外的共有部分，享有权利，承担义务；不得以放弃权利不履行义务。

业主转让建筑物内的住宅、经营性用房，其对共有部分享有的共有和共同管理的权利一并转让。

35. 租赁期间，出租人可以涨房租吗？

【解答】

若双方签订的租赁合同中明确约定了关于房租调整的事宜，则按照合同约定履行。若无约定，为保护承租人的权益，出租人一方不得随意提高租金，但双方协商一致的除外。

【法律依据】

《商品房屋租赁管理办法》第九条　出租人应当按照合同约定履行房屋的维修义务并确保房屋和室内设施安全。未及时修复损坏的房屋，影响承租人正常使用的，应当按照约定承担赔偿责任或者减少租金。

房屋租赁合同期内，出租人不得单方面随意提高租金水平。

36. 一房多租，房子应该由哪个承租人取得？

【解答】

一房多租，在现实中十分常见，如何解决应分情况处理：

如果承租人经出租人交付，合法占有该租赁房屋的，此时房屋的所有权由已经合法占有房屋的承租人取得。

如果还没有承租人合法占有该房屋，但有租赁合同已经登记备案的，则该租赁房屋由已经办理备案登记手续的承租人取得。

若以上两种情况均无，则采用成立在先原则，该租赁房屋由签订租赁合同在先的承租人取得。

【法律依据】

《城镇房屋租赁司法解释》第六条　出租人就同一房屋订立数份租赁合同，在合同均有效的情况下，承租人均主张履行合同的，人民法院按照下列顺序确定履行合同的承租人：

(1)已经合法占有租赁房屋的；

(2)已经办理登记备案手续的；

(3)合同成立在先的。

不能取得租赁房屋的承租人请求解除合同、赔偿损失的，依照合同法的有关规定处理。

37. 小区内一楼业主门前的绿地归一楼购房者所有吗？

【解答】

为了吸引购房者注意，开发商经常向业主做出“买一楼房屋送花园”“买一楼房屋送五十平米绿地”等口头承诺，但对于与业主所购房屋毗邻庭院绿地的权属问题，必须根据房屋买卖双方正式签订的商品房买卖协议及物权登记情况加以确定。业主不得违反业主公约及物业管理规定，基于个人利益擅自破坏、改造与其房屋毗邻的庭院绿地。即使业主对于该庭院绿地具有独占使用权，如果该庭院绿地属于小区绿地的组成部分，业主在使用该庭院绿地时亦应遵守业主公约、物业管理规定关于小区绿地的管理规定，不得擅自破坏该庭院绿地，损害小区其他业主的合法权益。

【法律依据】

《物权法》第七十三条　建筑区划内的道路，属于业主共有，但属于城镇公共道路的除外。建筑区划内的绿地，属于业主共有，但属于城镇公共绿地或者明示属于个人的除外。建筑区划内的其他公共场所，公用设施和物业服务用房，属于业主共有。

最高人民法院《关于审理建筑物区分所有权纠纷案件具体应用法律若干问题的解释》第二条　建筑区划内符合下列条件的房屋，以及车位、摊位等特定空间，应当认定为物权法第六章所称的专有部分：

(1)具有构造上的独立性，能够明确区分；

(2)具有利用上的独立性，可以排他使用；

(3)能够登记成为特定业主所有权的客体。

规划上专属于特定房屋，且建设单位销售时已经根据规划列入该特定房屋买卖合同中的露台等，应当认定为物权法第六章所称专有部分的组成部分。

本条第一款所称房屋，包括整栋建筑物。

38. 什么情况下，购房者可以获得双倍赔偿？

【解答】

双倍罚金是对商品房买卖合同纠纷中，出卖人恶意违约导致合同解除的情况作出的惩罚性赔偿的规定。双倍罚金主要在以下几种情形下适用：

(1)商品房买卖合同订立后，出卖人未告知买受人又将该房屋抵押给第三人。

(2)商品房买卖合同订立后，出卖人又将该房屋出卖给第三人。

(3)故意隐瞒没有取得商品房预售许可证明的事实或者提供虚假商品房预售许可证明；

(4)故意隐瞒所售房屋已经抵押的事实；

(5)故意隐瞒所售房屋已经出卖给第三人或者为拆迁安置补偿房屋的事实。

【法律依据】

《最高人民法院关于审理商品房买卖合同纠纷案件适用法律若干问题的解释》第七条　拆迁人与被拆迁人按照所有权调换形式订立拆迁补偿安置协议，明确约定拆迁人以位置、用途特定的房屋对被拆迁人予以补偿安置，如果拆迁人将该补偿安置房屋另行出卖给第三人，被拆迁人请求优先取得补偿安置房屋的，应予支持。

被拆迁人请求解除拆迁补偿安置协议的，按照本解释第八条的规定处理。

《最高人民法院关于审理商品房买卖合同纠纷案件适用法律若干问题的解释》第八条　具有下列情形之一的，导致商品房买卖合同目的不能实现的，无法取得房屋的买受人可以请求解除合同、返还已付购房款及利息、赔偿损失，并可以请求出卖人承担不超过已付购房款一倍的赔偿责任：

(1)商品房买卖合同订立后，出卖人未告知买受人又将该房屋抵押给第三人；

（2）商品房买卖合同订立后，出卖人又将该房屋出卖给第三人。

《最高人民法院关于审理商品房买卖合同纠纷案件适用法律若干问题的解释》第九条　出卖人订立商品房买卖合同时，具有下列情形之一，导致合同无效或者被撤销、解除的，买受人可以请求返还已付购房款及利息、赔偿损失，并可以请求出卖人承担不超过已付购房款一倍的赔偿责任：

（1）故意隐瞒没有取得商品房预售许可证明的事实或者提供虚假商品房预售许可证明；

（2）故意隐瞒所售房屋已经抵押的事实；

（3）故意隐瞒所售房屋已经出卖给第三人或者为拆迁补偿安置房屋的事实。

39. 房租到期，租客还未搬走怎么办？

【解答】

房屋租赁期限届满，房屋租赁合同即告终止，承租人应按合同日期迁出承租的房屋。如果承租人需要继续使用该房屋，出租人也未提出异议，则原租赁合同继续有效，租赁期限变为不定期租赁。如果出租人不同意而起诉承租人的，可以要求承租人支付逾期腾房的占有使用费。

【法律依据】

《合同法》第二百三十五条　租赁期间届满，承租人应当返还租赁物。返还的租赁物应当符合按照约定或者租赁物的性质使用后的状态。

《合同法》第二百三十六条 租赁期间届满，承租人继续使用租赁物，出租人没有提出异议的，原租赁合同继续有效，但租赁期限为不定期。

《城镇房屋租赁司法解释》第十八条 房屋租赁合同无效、履行期限届满或者解除，出租人请求负有腾房义务的次承租人支付逾期腾房占有使用费的，人民法院应予支持。

《城镇房屋租赁司法解释》第二百二十六条 承租人应当按照约定的期限支付租金。对支付期限没有约定或者约定不明确，依照本法第六十一条的规定仍不能确定，租赁期间不满一年的，应当在租赁期间届满时支付；租赁期间一年以上的，应当在每届满一年时支付，剩余期间不满一年的，应当在租赁期间届满时支付。

《城镇房屋租赁司法解释》第二百二十七条 承租人无正当理由未支付或者迟延支付租金的，出租人可以要求承租人在合理期限内支付。承租人逾期不支付的，出租人可以解除合同。

40. 房屋租赁合同中双方既约定违约金又约定定金的，可以同时适用吗？

【解答】

不能。定金是指合同当事人一方为了担保合同履行而预先向另一方支付一定数额的金钱，合同法中约定了定金罚则，用来弥补违约时一方的损失，而违约金也是为了弥补所受损失，二者均为合同双方约定的违约责任，性质类似，为了不过分惩罚违约方，守约方只能选择其一适用。

【法律依据】

《合同法》第一百一十六条　当事人既约定违约金，又约定定金的，一方违约时，对方可以选择适用违约金或者定金条款。

41. 房屋租赁期间，租赁的房屋被征收的，承租人可以主张获得征收补偿吗？

【解答】

不能。我国法律规定的被征收人仅指房屋所有权人即出租人，不包括承租人。除非双方租赁合同或者征收补偿合同中有约定，否则承租人不能主张征收补偿。但为了保护承租人的合法权益，在租赁期间因征收受到损失的，可以结合其剩余租期适当给予补偿。

【法律依据】

《国有土地上房屋征收与补偿条例》第二条　为了公共利益的需要，征收国有土地上单位、个人的房屋，应当对被征收房屋所有权人（以下称被征收人）给予公平补偿。

42. 明知房屋存在瑕疵仍然同意承租的，出租人可否免除瑕疵担保义务？

【解答】

如果承租人明知房屋或者屋内设备存在缺陷，仍坚持订立租赁合同的，说明其愿意承担该瑕疵带来的不便，此时出租人可以免除瑕疵担保义务；但如果租赁的房屋危及承租人的生命安全或健康，则无论承租人订立合同时是否知道房屋存在重大瑕疵，承租人仍可以随时解除合同。

【法律依据】

《合同法》第二百三十三条　租赁物危及承租人的安全或者健康的，即使承租人订立合同时明知该租赁物质量不合格，承租人仍然可以随时解除合同。

43. 转租合同一定要出租人书面同意吗？

【解答】

如果承租人与出租人签订的房屋租赁合同中明确约定承租人转让房屋只需通知出租人，无须其书面同意的，则不用出租人签字，只要取得房东同意，就可以转租房屋。如没有约定则需要出租人书面同意，才可以转租租赁房屋。

【法律依据】

《合同法》第二百二十四条　承租人经出租人同意，可以将租赁物转租给第三人。承租人转租的，承租人与出租人之间的租赁合同继续有效，第三人对租赁物造成损失的，承租人应当赔偿损失。

承租人未经出租人同意转租的，出租人可以解除合同。

《商品房屋租赁管理办法》第十一条　承租人转租房屋的，应当经出租人书面同意。

承租人未经出租人书面同意转租的，出租人可以解除租赁合同，收回房屋并要求承租人赔偿损失。

44. 承租人不支付房租的，出租人能否要求次承租人缴纳？

【解答】

不能。依据合同相对性原则，出租人只能向承租人要求支付房租，若承租人无正当理由不支付房租的，出租人可以解除合同。但如果次承租人请求代承租人支付拖欠的房租的，则法院可以支持。

【法律依据】

《合同法》第二百二十七条　承租人无正当理由未支付或者迟延支付租金的，出租人可以要求承租人在合理期限内支付。承租人逾期不支付的，出租人可以解除合同。

《最高人民法院关于审理城镇房屋租赁合同纠纷的司法解释》第十七条　因承租人拖欠租金，出租人请求解除合同时，次承租人请求代承租人支付欠付的租金和违约金以抗辩出租人合同解除权的，人民法院应予支持。但转租合同无效的除外。

次承租人代为支付的租金和违约金超出其应付的租金数额，可以折抵租金或者向承租人追偿。

45. 冒名签订的房屋买卖合同是否有效？

【解答】

卖房人冒用房屋所有权人名义，例如通过伪造所有权人身份证明、找相貌近似者冒充所有权人交易等方式擅自转让房屋，可以参照《合同法》第48条无权代理的规定认定房屋买卖合同无效，该合同对房屋所有权人没有约束力。但如果买受人有理由相信行为人有代理权的，该买卖合同有效。

【法律依据】

《合同法》**第四十八条**　行为人没有代理权、超越代理权或者代理权终止后以被代理人名义订立的合同，未经被代理人追认，对被代理人不发生效力，由行为人承担责任。

相对人可以催告被代理人在一个月内予以追认。被代理人未做表示的，视为拒绝追认。合同被追认之前，善意相对人有撤销的权利。撤销应当以通知的方式作出。

《合同法》**第四十九条**　行为人没有代理权、超越代理权或者代理权终止后以被代理人名义订合同，相对人有理由相信行为人有代理权的，该代理行为有效。

46. 连续下暴雨是否构成开发商未能如期交房的不可抗力？

【解答】

不能。下雨是正常的天气现象，作为开发商理应依据当地的天气记录对未来的天气状况进行预测，合理安排工作进度，确保顺利完工，因此连续下暴雨不能构成开发商未能如期交房的不可抗力，开发商应对其逾期交房的行为承担违约责任。若遇到属于不可抗力的事实，也应当及时告知购房者，否则也不能完全免责。

【法律依据】

《合同法》第一百一十七条　因不可抗力不能履行合同的，根据不可抗力的影响，部分或者全部免除责任，但法律另有规定的除外。当事人迟延履行后发生不可抗力的，不能免除责任。

本法所称不可抗力，是指不能预见、不能避免并不能克服的客观情况。

《合同法》第一百一十八条　当事人一方因不可抗力不能履行合同的，应当及时通知对方，以减轻可能给对方造成的损失，并应当在合理期限内提供证明。

47. 承租人经出租人同意装修承租的房屋，租赁期满后，装修的附着物如何处理？

【解答】

承租人经出租人的同意装修房屋，合同期满后，双方对装修附着物的处理有约定的依照约定。若没有约定，对未形成附合的附着物承租人可以拆除带走，但注意不能损坏房屋，否则需要承担赔偿责任；对已经形成房屋附合的附着物，拆除会造成房屋毁损的，可以折价归出租人所有，承租人不得再要求出租人补偿其装修物的价值。

【法律依据】

《最高人民法院关于审理城镇房屋租赁合同纠纷案件具体应用法律若干问题的解释》第九条　承租人经出租人同意装饰装修，租赁合同无效时，未形成附合的装饰装修物，出租人同意利用的，可折价归出租人所有；不同意利用的，可由承租人拆除。因拆除造成房屋毁损的，承租人应当恢复原状。已形成附合的装饰装修物，出租人同意利用的，可折价归出租人所有；不同意利用的，由双方各自按照导致合同无效的过错分担现值损失。

《最高人民法院关于审理城镇房屋租赁合同纠纷案件具体应用法律若干问题的解释》第十条　承租人经出租人同意装饰装修，租赁期间届满或者合同解除时，除当事人另有约定外，未形成附合的装饰装修物，可由承租人拆除。因拆除造成房屋毁损的，承租人应当恢复原状。

《最高人民法院关于审理城镇房屋租赁合同纠纷案件具体应用法律若干问题的解释》第十二条　承租人经出租人同意装饰装修，租赁期间届满时，承租人请求出租人补偿附合装饰装修费用的，不予支持。但当事人另有约定的除外。

48. 承租人经出租人同意装修房屋，租赁期未满解除合同时，装修物如何处理？

【解答】

若双方之间有约定的依照约定，没有约定的，对于未形成附合的附着物，承租人可以拆除带走，但不能破坏租赁房屋，否则要承担赔偿责任；对已经形成附合的附着物拆除会损毁房屋的，依照双方过错分情况处理：①因出租人违约导致合同解除的，承租人可以请求出租人赔偿剩余租赁期内装饰装修残值损失；②因承租人违约导致合同解除，承租人不能请求出租人赔偿剩余租赁期内装饰装修残值损失。但出租人同意利用的，可以在利用价值范围内予以适当补偿；③因双方违约导致合同解除，剩余租赁期内的装饰装修残值损失，由双方根据各自的过错承担相应的责任；④因不可归责于双方的事由导致合同解除的，剩余租赁期内的装饰装修残值损失，由双方按照公平原则分担。

【法律依据】

《最高人民法院关于审理城镇房屋租赁合同纠纷案件具体应用法律若干问题的解释》第十一条　承租人经出租人同意装饰装修，合同解除时，双方对已形成附合的装饰装修物的处理没有约定的，人民法院按照下列情形分别处理：

(1)因出租人违约导致合同解除，承租人请求出租人赔偿剩余租赁期内装饰装修残值损失的，应予支持；

(2)因承租人违约导致合同解除，承租人请求出租人赔偿剩余租赁期内装饰装修残值损失的，不予支持。但出租人同意利用的，应在利用价值范围内予以适当补偿；

(3)因双方违约导致合同解除，剩余租赁期内的装饰装修残值损失，由双方根据各自的过错承担相应的责任；

(4)因不可归责于双方的事由导致合同解除的，剩余租赁期内的装饰装修残值损失，由双方按照公平原则分担。法律另有规定的，适用其规定。

49. 租赁期间因第三人行为影响房屋正常使用的，承租人可以向该第三人主张哪些权利？

【解答】

依据相关法律的规定，若第三人的行为影响了承租人对房屋的正常使用，承租人可以以占有人的身份，直接要求该第三人停止侵害、排除妨害、消除危险，如果给承租人带来了损失还可以要求第三人赔偿相关损失。

【法律依据】

《物权法》第二百四十五条　占有的不动产或者动产被侵占的，占有人有权请求返还原物；对妨害占有的行为，占有人有权请求排除妨害或者消除危险；因侵占或者妨害造成损害的，占有人有权请求损害赔偿。

占有人返还原物的请求权，自侵占发生之日起一年内未行使的，该请求权消灭。

50. 租赁期限届满后，承租人拒不返还租赁房屋的，出租人可否采取撬门开锁等方式强制驱逐？

【解答】

租赁期限届满，租赁关系即告终结，承租人应当返还租赁房屋，拒不返还的属于违约行为。对于出租人是否可以采取强制手段迫使承租人返还房屋的，要看双方租赁合同的约定。若双方在合同中明确约定，当租赁期限届满承租人拒不返还房屋，出租人可以采取断水断电等强制手段要回房屋的，则出租人可以采取上述措施，但不得危及承租人的人身安全。若双方没有这一约定，则出租人不能采取这些强制措施，但通过诉讼的手段，要求法院判决承租人强制腾房并支付逾期占用的使用费。

【法律依据】

《合同法》第二百一十六条　出租人应当按照约定将租赁物交

付承租人，并在租赁期间保持租赁物符合约定的用途。

《合同法》第二百三十五条　租赁期间届满，承租人应当返还租赁物。返还的租赁物应当符合按照约定或者租赁物的性质使用后的状态。

《最高人民法院关于审理城镇房屋租赁合同纠纷的司法解释》第十八条　房屋租赁合同无效、履行期限届满或者解除，出租人请求负有腾房义务的次承租人支付逾期腾房占有使用费的，人民法院应予支持。

51. 商品房贷款合同无法履行可以解除商品房预售合同吗？

【解答】

若因不可归责于买卖双方的原因导致贷款合同不能履行的，从而造成商品房买卖合同履行困难的，当事人有权解除商品房买卖合同，合同解除后出卖人应当将收受的购房款或者定金返还给买受人。

【法律依据】

《最高人民法院关于审理商品房买卖合同纠纷案件适用法律若干问题的解释》第二十三条　商品房买卖合同约定，买受人以担保贷款方式付款、因当事人一方原因未能订立商品房担保贷款合同并导致商品房买卖合同不能继续履行的，对方当事人可以请求解除合同和赔偿损失。因不可归责于当事人双方的事由未能订立商品房担保贷款合同并导致商品房买卖合同不能继续履行的，当事人可以请求解除合同，出卖人应当将收受的购房款本金及其利息或者定金返还买受人。

第二十四条　因商品房买卖合同被确认无效或者被撤销、解除，致使商品房担保贷款合同的目的无法实现，当事人请求解除商品房担保贷款合同的，应予支持。

第二十五条　以担保贷款为付款方式的商品房买卖合同的当事人一方请求确认商品房买卖合同无效或者撤销、解除合同的，如果担保权人作为有独立请求权第三人提出诉讼请求，应当与商品房担保贷款合同纠纷合并审理；未提出诉讼请求的，仅处理商品房买卖合同纠纷。担保权人就商品房担保贷款合同纠纷另行起诉的，可以与商品房买卖合同纠纷合并审理。

商品房买卖合同被确认无效或者被撤销、解除后，商品房担保贷款合同也被解除的，出卖人应当将收受的购房贷款和购房款的本金及利息分别返还担保权人和买受人。

52. 开发商延迟办理房产证，是否应当赔偿？

【解答】

若买卖双方在商品房买卖合同中有约定的，按照合同约定履行；若没有约定的依据相关法律规定：自合同订立之日起或房屋交付之日起九十日未办理房屋权属证书的，开发商应该承担违约责任。

【法律依据】

《最高人民法院关于审理商品房买卖合同纠纷案件适用法律若干问题的解释》第十八条　由于出卖人的原因，买受人在下列期限届满未能取得房屋权属证书的，除当事人有特殊约定外，出卖人应当承担违约责任：

(1)商品房买卖合同约定的办理房屋所有权登记的期限；

(2)商品房买卖合同的标的物为尚未建成房屋的，自房屋交付使用之日起九十日；

(3)商品房买卖合同的标的物为已竣工房屋的，自合同订立之日起九十日。

合同没有约定违约金或者损失数额难以确定的，可以按照已付购房款总额，参照中国人民银行规定的金融机构计收逾期贷款利息的标准计算。

53. 口头订立的房屋买卖合同有效吗？

【解答】

我国法律规定了合同形式有书面、口头和其他形式。口头协议只要订立合同的主体具有民事行为能力和民事权利能力，不存在法律规定的合同无效的情形，双方意思表示真实，则这个合同就具有法律效力、受法律保护。虽然城市房地产管理法规定了房产转让应该签订书面转让合同，但并未规定口头房屋买卖合同一定无效，若双方订立口头合同后，以实际行动履行了合同的，则该合同必然有效。

【法律依据】

《合同法》第十条　当事人订立合同，有书面形式、口头形式和其他形式。

法律、行政法规规定采用书面形式的，应当采用书面形式。当事人约定采用书面形式的，应当采用书面形式。

《合同法》第十一条　书面形式是指合同书、信件和数据电文(包括电报、电传、传真、电子数据交换和电子邮件)等可以有形地表现所载内容的形式。

最高人民法院《关于适用〈中华人民共和国合同法〉若干问题的解释(二)》第二条　当事人未以书面形式或者口头形式订立合同，但从双方从事的民事行为能够推定双方有订立合同意愿的，人民法院可以认定是以合同法第十条第一款中的“其他形式”订立的合同。但法律另有规定的除外。

54. 购房者无故不收房，损失由谁承担？

【解答】

买受人接到出卖人的书面交房通知，没有正当理由拒绝接收房屋的，是违约行为，法律上将这一行为视为收房，除当事人另有约定外，房屋毁损灭失的风险自书面交房通知确定的交付使用之日起由买受人自己承担，出卖人不承担违约责任。

【法律依据】

《最高院关于审理商品房买卖合同纠纷案件适用法律若干问题的解释》第十一条　对房屋的转移占有，视为房屋的交付使用，但当事人另有约定的除外。

房屋毁损、灭失的风险，在交付使用前由出卖人承担，交付使用后由买受人承担；买受人接到出卖人的书面交房通知，无正当理由拒绝接收的，房屋毁损、灭失的风险自书面交房通知确定的交付使用之日起由买受人承担，但法律另有规定或者当事人另有约定的除外。

55. 商品房认购书能否认定为商品房买卖合同？

【解答】

若商品房的认购、订购、预订等协议书的内容具备了商品房买卖合同的主要条款内容，且出卖人已经按照约定收受购房款的，则该协议应该认定为商品房买卖合同。

【法律依据】

《合同法》第十二条　合同的内容由当事人约定，一般包括以下条款：

(1)当事人的名称或者姓名和住所；

(2)标的；

(3)数量；

(4)质量；

(5)价款或者报酬；

(6)履行期限、地点和方式；

(7)违约责任；

(8)解决争议的方法。

当事人可以参照各类合同的示范文本订立合同。

最高人民法院《关于适用〈中华人民共和国合同法〉若干问题的解释(二)》第一条　当事人对合同是否成立存在争议，人民法院能够确定当事人名称或者姓名、标的和数量的，一般应当认定合同成立。但法律另有规定或者当事人另有约定的除外。

对合同欠缺的前款规定以外的其他内容，当事人达不成协议的，人民法院依照合同法第六十一条、第六十二条、第一百二十五条等有关规定予以确定。

《最高人民法院关于审理商品房买卖合同纠纷案件适用法律若干问题的解释》第五条　商品房的认购、订购、预订等协议具备《商品房销售管理办法》第十六条规定的商品房买卖合同的主要内容，并且出卖人已经按照约定收受购房款的，该协议应当认定为商品房买卖合同。

56. 购得“凶宅”可以要求退房吗?

【解答】

如果卖方明知该房屋为“凶宅”，确属故意隐瞒不告知购房者的，则购房者可以以房屋买卖合同存在重大误解或欺诈为由，行使撤销权，将房屋退还给卖方，卖方应将购房款退还给购房者，购房者也可以要求买方承担损失赔偿。

【法律依据】

《合同法》第五十四条　下列合同，当事人一方有权请求人民法院或者仲裁机构变更或者撤销：

(1) 因重大误解订立的；

(2) 在订立合同时显失公平的。

一方以欺诈、胁迫的手段或者乘人之危，使对方在违背真实意思的情况下订立的合同，受损害方有权请求人民法院或者仲裁机构变更或者撤销。

当事人请求变更的，人民法院或者仲裁机构不得撤销。

《合同法》第五十五条　有下列情形之一的，撤销权消灭：

(1) 具有撤销权的当事人自知道或者应当知道撤销事由之日

起一年内没有行使撤销权；

（2）具有撤销权的当事人知道撤销事由后明确表示或者以自己的行为放弃撤销权。

《合同法》第五十八条　合同无效或者被撤销后，因该合同取得的财产，应当予以返还；不能返还或者没有必要返还的，应当折价补偿。有过错的一方应当赔偿对方因此所受到的损失，双方都有过错的，应当各自承担相应的责任。

57. 买卖合同签订后，房屋被查封的怎么办？

【解答】

若符合《最高人民法院关于人民法院民事执行中查封、扣押、冻结财产的规定》中不应查封的情况，如购房人已经支付全部价款并实际占有且没有过错，但未办理过户登记的，可以向执行法院提出执行异议，要求法院解封。

若买房人隐瞒事实导致商品房买卖合同无效，则可以要求买房人返还购房款并赔偿损失。

若要求继续履行合同并取得房屋所有权，则可以和法院协商，让卖房人或者自己提供其他担保财产，要求法院接触查封之后双方继续履行买卖合同。

【法律依据】

《合同法》第九十四条　有下列情形之一的，当事人可以解除合同：

（1）因不可抗力致使不能实现合同目的；

（2）在履行期限届满之前，当事人一方明确表示或者以自己的行为表明不履行主要债务；

(3)当事人一方迟延履行主要债务，经催告后在合理期限内仍未履行；

(4)当事人一方迟延履行债务或者有其他违约行为致使不能实现合同目的；

(5)法律规定的其他情形。

《最高人民法院关于人民法院民事执行中查封、扣押、冻结财产的规定》第十六条　被执行人将其财产出卖给第三人，第三人已经支付部分价款并实际占有该财产，但根据合同约定被执行人保留所有权的，人民法院可以查封、扣押、冻结；第三人要求继续履行合同的，应当由第三人在合理期限内向人民法院交付全部余款后，裁定解除查封、扣押、冻结。

58. 房屋买卖合同订立后，因原材料价格上涨，怎么办？

【解答】

原材料价格大幅上涨，使得房屋成本提高，如按原合同条款继续履行必将使合同一方遭受重大损失而显失公平，继续履行可能受损的一方可以依据情势变更提出变更或者解除合同的请求。

【法律依据】

最高人民法院《关于适用〈中华人民共和国合同法〉若干问题的解释(二)》第二十六条　合同成立以后客观情况发生了当事人在订立合同时无法预见的、非不可抗力造成的不属于商业风险的重大变化，继续履行合同对于一方当事人明显不公平或者不能实现合同目的，当事人请求人民法院变更或者解除合同的，人民法院应当根据公平原则，并结合案件的实际情况确定是否变更或者解除。

59. 未经批准的军产房买卖合同有效吗？

【解答】

未经相关部门的批准，购买军产房是无效的。军产房的产权单位是总后勤部，未经过其批准，买卖双方签订的房屋转让协议应该视为“无处分权处分他人财产的行为”是无效合同。

【法律依据】

《中国人民解放军房地产管理条例》第三条　军队房地产的权属归中央军委，其土地使用权和建筑物、构筑物以及其他附着物的所有权，由总后勤部代表行使。

军队房地产管理的业务工作由各级后勤(联勤)机关营房管理部门归口管理。

军队房地产按其用途分别由有关单位和业务部门具体负责使用和管护。

《中国人民解放军房地产管理条例》第十四条　军用土地转让实行许可证制度。

经批准转让军用土地的军队单位，必须按照有关规定，申领军用土地转让许可证，并到当地县级以上地方人民政府办理土地转让手续。

《中国人民解放军房地产管理条例》第三十六条　军队房地产使用管理单位必须依据有关规定，到房地产所在地县级以上地方人民政府办理房地产登记手续，领取土地使用权、房屋所有权证书。

《中国人民解放军房地产管理条例》第四十四条　有偿转让军队房地产(含合建、换建、兑换，下同)，由总后勤部审批。

有偿转让的军队房地产必须经过具有法定资格的评估机构进行价格评估，转让价格不得低于当地人民政府确定的最低价。

国家建设项目和地方人民政府实施城市建设发展规划确需占用军队房地产的，按照有关规定，根据被占用房地产的价值获取补偿。

《军队现有住房出售管理办法》第四条　出售军队现有住房，必须经军区级单位审查并报总后勤部批准，由售房单位组织实施。

60. 商品房层高缩水可以要求赔偿或者退房吗?

【解答】

层高缩水属于开发商的违约行为，应该承担违约责任。若买卖双方在购房合同中有对层高不符合约定可以赔偿或者退房的约定的，依据约定。没有约定的可以委托鉴定机构对相同地段附合约定层高的房屋和层高缩水的房屋进行估价鉴定，确定损失额。但如果层高缩水后实际层高未达到国家标准可以认定房屋的主体结构质量不合格，在此情况下开发商构成根本违约，购房者不仅可以要求赔偿还可以商品房主体结构不合格为由要求与开发商解除合同并赔偿损失。

【法律依据】

《合同法》第一百一十一条 质量不符合约定的，应当按照当事人的约定承担违约责任。对违约责任没有约定或者约定不明确，依照本法第六十一条的规定仍不能确定的，受损害方根据标的的性质以及损失的大小，可以合理选择要求对方承担修理、更换、重做、退货、减少价款或者报酬等违约责任。

《合同法》第一百一十三条 当事人一方不履行合同义务或者履行合同义务不符合约定，给对方造成损失的，损失赔偿额应当相当于因违约所造成的损失，包括合同履行后可以获得的利益，但不得超过违反合同一方订立合同时预见到或者应当预见到的因违反合同可能造成的损失。

经营者对消费者提供商品或者服务有欺诈行为的，依照《中华人民共和国消费者权益保护法》的规定承担损害赔偿责任。

《合同法》第一百四十八条 因标的物质量不符合质量要求，致使不能实现合同目的的，买受人可以拒绝接受标的物或者解除合同。买受人拒绝接受标的物或者解除合同的，标的物毁损、灭失的风险由出卖人承担。

《城市房地产开发经营管理条例》第三十二条 商品房交付使用后，购买人认为主体结构质量不合格的，可以向工程质量监督单位申请重新核验。经核验，确属主体结构质量不合格的，购买人有权退房；给购买人造成损失的，房地产开发企业应当依法承担赔偿责任。

《最高院关于审理商品房买卖合同纠纷案件适用法律若干问题的解释》第十二条 因房屋主体结构质量不合格不能交付使用，或者房屋交付使用后，房屋主体结构质量经核验确属不合格，买受人请求解除合同和赔偿损失的，应予支持。

61. 租赁合同未到期解除，出租方是否应该返还租赁押金？

【解答】

如果双方租赁合同中有约定，租赁期限未满退房的押金不退，则出租方可以不返还租金，但如果双方合同中没有此项约定的，依照公平原则，出租方应当返还押金。

【法律依据】

《合同法》第六十条　当事人应当按照约定全面履行自己的义务。

当事人应当遵循诚实信用原则，根据合同的性质、目的和交易习惯履行通知、协助、保密等义务。

《合同法》第九十二条　合同的权利义务终止后，当事人应当遵循诚实信用原则，根据交易习惯履行通知、协助、保密等义务。

62. 买卖双方及第三人签订的居间合同解除后，中介费是否应该退还？

【解答】

应该。卖方买方及居间人三方所签订的房屋买卖居间合同所约定的房屋存在瑕疵致使买房人的合同目的不能实现，买卖合同解除后，购房人依法有权解除三方所签订的房屋买卖居间合同，居间合同解除后，房地产经纪公司依据该居间合同所收取的居间费应予以返还。

【法律依据】

《合同法》第九十四条　有下列情形之一的，当事人可以解除合同：

(1)因不可抗力致使不能实现合同目的；

(2)在履行期限届满之前，当事人一方明确表示或者以自己的行为表明不履行主要债务；

(3)当事人一方迟延履行主要债务，经催告后在合理期限内仍未履行；

(4)当事人一方迟延履行债务或者有其他违约行为致使不能实现合同目的；

(5)法律规定的其他情形。

《合同法》第九十七条　合同解除后，尚未履行的，终止履行；已经履行的，根据履行情况和合同性质，当事人可以要求恢复原状、采取其他补救措施，并有权要求赔偿损失。

《合同法》第一百零七条　当事人一方不履行合同义务或者履行合同义务不符合约定的，应当承担继续履行、采取补救措施或者赔偿损失等违约责任。

63. 租赁合同期内房屋被拆迁的，出租人要赔偿承租人吗?

【解答】

应该。但具体赔偿标准要看双方约定。若租赁双方在房屋租赁合同中明确约定了租赁期间房屋被拆迁的，出租方应给予承租方适当补偿的，则承租人可以依据合同具体规定要求出租人赔偿；若没有约定的，依据相关法律法规及公平原则，出租人也应对承租人剩余租期及装饰残留物价值损失进行补偿。

【法律依据】

《合同法》第六十条　当事人应当按照约定全面履行自己的义务。

当事人应当遵循诚实信用原则，根据合同的性质、目的和交易习惯履行通知、协助、保密等义务。

《国有土地上房屋征收与补偿条例》第十七条　作出房屋征收决定的市、县级人民政府对被征收人给予的补偿包括：

(1)被征收房屋价值的补偿；

(2)因征收房屋造成的搬迁、临时安置的补偿；

(3)因征收房屋造成的停产停业损失的补偿。

市、县级人民政府应当制定补助和奖励办法，对被征收人给予补助和奖励。

《最高人民法院关于审理城镇房屋租赁合同纠纷案件具体应用法律若干问题的解释》第十条　承租人经出租人同意装饰装修，租赁期间届满或者合同解除时，除当事人另有约定外，未形成附合的装饰装修物，可由承租人拆除。因拆除造成房屋毁损的，承租人应当恢复原状。

《最高人民法院关于审理城镇房屋租赁合同纠纷案件具体应用法律若干问题的解释》第十一条　承租人经出租人同意装饰装修，合同解除时，双方对已形成附合的装饰装修物的处理没有约定的，人民法院按照下列情形分别处理：

(1)因出租人违约导致合同解除，承租人请求出租人赔偿剩余租赁期内装饰装修残值损失的，应予支持；

(2)因承租人违约导致合同解除，承租人请求出租人赔偿剩余租赁期内装饰装修残值损失的，不予支持。但出租人同意利用的，应在利用价值范围内予以适当补偿；

(3)因双方违约导致合同解除，剩余租赁期内的装饰装修残值损失，由双方根据各自的过错承担相应的责任；

(4)因不可归责于双方的事由导致合同解除的，剩余租赁期内的装饰装修残值损失，由双方按照公平原则分担。法律另有规定的，适用其规定。

64. 拆迁人将安置房售与他人的，被拆迁人可以怎样要求赔偿？

【解答】

如果拆迁人将补偿安置房屋另行出卖给第三人，被拆迁人可以请求优先取得补偿安置房屋；若被拆迁人请求解除拆迁补偿安置协议导致合同目的不能实现的，无法取得房屋的买受人可以要求解除合同、返还购房款及利息、赔偿损失，并可以要求出卖人承担不超过已付购房款一倍的赔偿责任。

【法律依据】

《最高人民法院关于审理商品房买卖合同纠纷案件适用法律若干问题的解释》第七条　拆迁人与被拆迁人按照所有权调换形式订立拆迁补偿安置协议，明确约定拆迁人以位置、用途特定的房屋对被拆迁人予以补偿安置，如果拆迁人将该补偿安置房屋另行出卖给第三人，被拆迁人请求优先取得补偿安置房屋的，应予支持。

被拆迁人请求解除拆迁补偿安置协议的，按照本解释第八条的规定处理。

《最高人民法院关于审理商品房买卖合同纠纷案件适用法律若干问题的解释》第八条　具有下列情形之一，导致商品房买卖合同目的不能实现的，无法取得房屋的买受人可以请求解除合同、返还已付购房款及利息、赔偿损失，并可以请求出卖人承担不超过已付购房款一倍的赔偿责任：

(1) 商品房买卖合同订立后，出卖人未告知买受人又将该房屋抵押给第三人；

(2) 商品房买卖合同订立后，出卖人又将该房屋出卖给第三人。

65. 王某将父亲的房子卖给他人，该房屋买卖合同是否有效？

【解答】

如果王某的父亲授权儿子卖房则王某的行为合法，合同有效；如果父亲未授权王某卖房，则王某属于无权处分，此时合同效力待定，若其得到父亲的追认或者取得了处分权，则合同有效，若不是在父亲的授权之下擅自处分他人房产又没有得到追认的属于无权代理，合同无效。

【法律依据】

《合同法》第五十一条　无处分权的人处分他人财产，经权利人追认或者无处分权的人订立合同后取得处分权的，该合同有效。

66. 开发商“零首付”的促销方式可信吗？

【解答】

不可信。依据我国相关法律法规的规定，个人住房贷款的首付款比例至少应为百分之二十，而“零首付”的促销方式是违法的，购房者通过这种方式购房是无法得到法律保护的。购房者不能轻信开发商“零首付”的促销承诺。

【法律依据】

《关于规范住房金融业务的通知》 二、强化个人住房贷款管理，严禁发放“零首付”个人住房贷款。中国人民银行重申，商业银行发放个人住房抵押贷款，应严格评估抵押物的实际价值，落实抵押登记手续，贷款额与抵押物实际价值的比例（抵借比）最高不得超过百分之八十，严禁对借款人发放“零首付”个人住房贷款。借款人申请个人住房贷款购买期房的，所购期房必须是多层住宅主体结构封顶、高层住宅完成总投资的三分之二。商业银行应认真分析开发项目及住房开发企业的有关情况，注意防范与期房相关的特定风险。商业银行办理新的个人住房贷款业务品种必须报经中国人民银行批准。

《关于进一步加强房地产信贷业务管理的通知》 商业银行只能对购买主体结构已封顶住房的个人发放个人住房贷款；对借款人申请个人住房贷款购买第一套自住住房的，首付比例仍执行百分之二十的规定；“对购买第二套以上（含第二套）住房的，应适当提高首付款比例”；“个人商业用房贷款的抵借比不得超过百分之六十，贷款期限最长不得超过十年，并且所购商业用房为竣工验收的房屋”。

67. 开发商“返本销售”的促销方式可信吗？

【解答】

不可信。我国法律明确禁止“返本销售”的营销方式。通常情况下，开发商采取此种方式销售房屋，很可能是因为房屋销售不理想，资金周转出现了问题。因此购房者一定要睁大双眼，避免因开发商无力承兑带来的困难。

【法律依据】

《商品房销售管理办法》第十一条 房地产开发企业不得采取返本销售或者变相返本销售的方式销售商品房。

房地产开发企业不得采取售后包租或者变相售后包租的方式销售未竣工商品房。

《商品房销售管理办法》第四十二条 房地产开发企业在销售商品房中有下列行为之一的，处以警告，责令限期改正，并可处以一万元以上三万元以下罚款。

……

(三)返本销售或者变相返本销售商品房的；

……

《商品房销售管理办法》第四十五条 本办法所称返本销售，是指房地产开发企业以定期向买受人返还购房款的方式销售商品房的行为。

68. 商品房买卖合同的主要内容有哪些？

【解答】

我国《商品房销售管理办法》第16条对商品房买卖合同主要条款有明确规定，主要内容见下方法条。

【法律依据】

《商品房销售管理办法》第十六条　商品房销售时，房地产开发企业和买受人应当订立书面商品房买卖合同。

商品房买卖合同应当明确以下主要内容：

(1)当事人名称或者姓名和住所；

(2)商品房基本状况；

(3)商品房的销售方式；

(4)商品房价款的确定方式及总价款、付款方式、付款时间；

(5)交付使用条件及日期；

(6)装饰、设备标准承诺；

(7)供水、供电、供热、燃气、通讯、道路、绿化等配套基础设施和公共设施的交付承诺和有关权益、责任；

(8)公共配套建筑的产权归属；

(9)面积差异的处理方式；

(10)办理产权登记有关事宜；

(11)解决争议的方法；

(12)违约责任；

(13)双方约定的其他事项。

69. 承租人预付租金后，租赁房屋所有权发生变动，新房东可否再次向承租人索要租金？

【解答】

由于承租人指依照租赁合同的约定向出租人履行义务，在下一个约定的租金交付日到来之前，承租人已经履行了支付租金的义务，房屋所有权的变动不影响承租人履行义务的有效性。此时新的房屋所有权人应该找原房屋所有权人索要转让后的租金，而无权要求承租人再次支付租金。

【法律依据】

《合同法》第二百二十九条　租赁物在租赁期间发生所有权变动的，不影响租赁合同的效力。

70. 房屋租赁合同中“天价违约金”的约定是否有效？

【解答】

有效。在房屋租赁合同中，法律不直接规定违约金数额，而是由双方当事人自行约定。租赁双方可以约定一方违约时向对方支付定数额的违约金，也可以约定因违约产生的损失赔偿额的计算方法。因此租赁双方在合同中约定“天价违约金”是有效的。但同时法律也规定，对于不满违约金数额的一方可以请求法院根据公平原则适当调整违约金数额。

【法律依据】

《合同法》第一百一十四条　当事人可以约定一方违约时应当根据违约情况向对方支付一定数额的违约金，也可以约定因违约产生的损失赔偿额的计算方法。

约定的违约金低于造成的损失的，当事人可以请求人民法院或者仲裁机构予以增加；约定的违约金过分高于造成的损失的，当事人可以请求人民法院或者仲裁机构予以适当减少。

当事人就迟延履行约定违约金的，违约方支付违约金后，还应当履行债务。

71. 出租人支付违约金后，承租人还可以要求出租人继续履行合同吗？

【解答】

需要。支付违约金只是违约方承担违约责任的一种形式，并不以此排除出租人实际履行租赁合同的义务，承租人可以要求出租人按照约定交付租赁房屋。但法律也规定了存在以下三种交房困难的，可以不必履行。(1)法律上或事实上不能履行的，如房屋已经被司法机关查封或者租赁房屋已经不存在的。(2)租赁房屋已经不适于强制履行，如租赁房屋已经由其他人合法占有使用的；或考虑经济效用履行费用过高的，如租赁房屋因出租人毁损严重而修复费用过高的。(3)如果承租人没有在合理期限内要求实际履行的，证明承租人对是否实际履行并不在意，此时法律没有必要强制出租人履行租赁合同。

【法律依据】

《合同法》第一百一十条 当事人一方不履行非金钱债务或者履行非金钱债务不符合约定的，对方可以要求履行，但有下列情形之一的除外：

(1)法律上或者事实上不能履行；

(2)债务的标的不适于强制履行或者履行费用过高；

(3)债权人在合理期限内未要求履行。

《合同法》第一百一十四条 当事人就迟延履行约定违约金的，违约方支付违约金后，还应当履行债务。

72. 因房屋租赁发生纠纷，当事人应该去哪个法院起诉？

【解答】

房屋租赁纠纷诉讼，如果双方当事人在合同中有约定的，则应该到约定的法院起诉，若没有约定，当事人可以选择被告住所地、合同履行地(通常为房屋所在地)其中一个法院管辖。

需要注意，租赁合同双方当事人书面约定管辖法院时只能从被告住所地、合同履行地、合同签订地、原告住所地、标的物所在地法院中进行选择，而不能随意约定与租赁合同毫无关系的法院管辖。

此外，被告住所地与经常居住地不一致的，由经常居住地人民法院管辖，如果同一诉讼有多个被告，他们的住所地、经常居住地在两个以上人民法院辖区的，则当事人可以选择其中任一被告的所在地法院起诉。

【法律依据】

《民事诉讼法》第二十一条　对公民提起的民事诉讼，由被告住所地人民法院管辖；被告住所地与经常居住地不一致的，由经常居住地人民法院管辖。

对法人或者其他组织提起的民事诉讼，由被告住所地人民法院管辖。

同一诉讼的几个被告住所地、经常居住地在两个以上人民法院辖区的，各该人民法院都有管辖权。

《民事诉讼法》第二十三条　因合同纠纷提起的诉讼，由被告住所地或者合同履行地人民法院管辖。

《民事诉讼法》第三十四条　合同或者其他财产权益纠纷的当事人可以书面协议选择被告住所地、合同履行地、合同签订地、原告住所地、标的物所在地等与争议有实际联系的地点的人民法院管辖，但不得违反本法对级别管辖和专属管辖的规定。

73. 房屋租赁合同纠纷中，原告起诉需要准备哪些材料？

【解答】

依据相关法律法规，在房屋租赁合同中原告起诉需要准备如下材料：

(1)起诉状一份、起诉状复印件按被告人数提交。

(2)原告的身份证明：原告身份证及复印件，代理人的授权委托书，代理人的证件及复印件等。

(3)证明房屋租赁关系成立的证据：①房屋所有权证书或其他权属证明；②房屋租赁合同；③如转租要提交证明转租合法性

的证据。

(4)房屋租赁合同履行情况的证据：①证明出租人履行合同情况的证据，如交付时房屋的状况等证据。②证明承租人履行合同情况的证据，如交付保证金或押金、租金、水电费等的票据等。③承租人对房内设施进行装修增加等的证据。

(5)请求金额的计算清单及计算依据。

【法律依据】

《民事诉讼法》第一百一十九条　起诉应当向人民法院递交起诉状，并按照被告人数提出副本。

书写起诉状确有困难的，可以口头起诉，由人民法院记入笔录，并告知对方当事人。

74. 房屋租赁合同纠纷起诉状有哪些内容？

【解答】

以下为起诉状范本供参考：

起诉状

原告：姓名，性别，年龄，民族，工作单位，住址，联系电话，身份证号。

委托代理人：姓名，工作单位，代理权限。

被告：姓名，性别，年龄，民族，工作单位，住址，联系电话，身份证号。

委托代理人：姓名，工作单位，代理权限。

案由：房屋租赁合同纠纷

事实与理由：

×年×月×月，原告××与被告××签订了房屋租赁合同，协议约定原告××将其所有的位于××地方的房屋××租赁给被告居住，租金为××元/月，租期为×××，现原告发现被告存在以下违约行为……，侵害了原告的合法权益，遂起诉至人民法院，请求法院……

此致

×××人民法院

原告：（签名）

×年×月×日

【法律依据】

《民事诉讼法》第一百二十一条　起诉状应当记明下列事项：

（1）原告的姓名、性别、年龄、民族、职业、工作单位、住所、联系方式，法人或者其他组织的名称、住所和法定代表人或者主要负责人的姓名、职务、联系方式；

（2）被告的姓名、性别、工作单位、住所等信息，法人或者其他组织的名称、住所等信息；

（3）诉讼请求和所根据的事实与理由；

（4）证据和证据来源，证人姓名和住所。

75. 承租人经出租人同意扩建的，扩建的费用由谁承担？

【解答】

如果租赁双方对扩建费用有约定的，则依照租赁双方的约定承担扩建费用；如果没有约定的，根据是否办理了合法的扩建手续法律给予不同对待。若办理了合法建设手续的，由于扩建经过出租人同意，此后所有权亦归属于出租人，因此，扩建费用应由出租人负担；如果没有办理合法建设手续，意味着扩建部分属于违章建筑，出租人不能拥有扩建部分的所有权，对于未经批准擅自扩建的行为，租赁双方均存在过错，因此，扩建费用应由双方分摊，具体数额由各自过错大小确定。

【法律依据】

《最高人民法院关于审理城镇房屋租赁合同纠纷案件具体应用法律若干问题的解释》第十三条　承租人未经出租人同意装饰装修或者扩建发生的费用，由承租人负担。出租人请求承租人恢复原状或者赔偿损失的，人民法院应予支持。

《最高人民法院关于审理城镇房屋租赁合同纠纷案件具体应用法律若干问题的解释》第十四条　承租人经出租人同意扩建，但双方对扩建费用的处理没有约定的，人民法院按照下列情形分别处理：

（1）办理合法建设手续的，扩建造价费用由出租人负担；

（2）未办理合法建设手续的，扩建造价费用由双方按照过错分担。

76. 当买方为哪些人时，承租人不能行使优先购买权？

【解答】

法律规定当买方是租赁房屋的共有人或者出租人的近亲属

时，承租人主张优先购买权的，法院不予支持，此处的“近亲属”包括：配偶、父母、子女、兄弟姐妹、祖父母、外祖父母、孙子女、外孙子女。

【法律依据】

《最高人民法院关于审理城镇房屋租赁合同纠纷案件具体应用法律若干问题的解释》第二十四条　具有下列情形之一，承租人主张优先购买房屋的，人民法院不予支持：

(1)房屋共有人行使优先购买权的；

(2)出租人将房屋出卖给近亲属，包括配偶、父母、子女、兄弟姐妹、祖父母、外祖父母、孙子女、外孙子女的；

(3)出租人履行通知义务后，承租人在十五日内未明确表示购买的；

(4) 第三人善意购买租赁房屋并已经办理登记手续的。

77. 承租人实现优先购买权需要具备哪些条件？

【解答】

依据《合同法》承租人优先购买权的实现需要具备如下条件：

(1)出租人出售房屋是在租赁合同存续期间。如果租赁关系已经消灭，则承租人不能再以曾经占有使用房屋为由主张自己具有优先购买权。

(2)同等条件。即承租人购买房屋的条件和第三人相同，例如购买的价格、付款时间等，如果第三人给出的条件更优则承租人就不能实现优先购买权。

(3)必须在合理期限内行使。法律规定出租人履行通知义务后，承租人应该在十五日内明确表示是否购买。

【法律依据】

《合同法》第二百三十条 出租人出卖租赁房屋的，应当在出卖之前的合理期限内通知承租人，承租人享有以同等条件优先购买的权利。

《商品房屋租赁管理办法》第十三条 房屋租赁期间出租人出售租赁房屋的，应当在出售前合理期限内通知承租人，承租人在同等条件下有优先购买权。

《城镇房屋租赁合同司法解释》第二十一条 出租人出卖租赁房屋未在合理期限内通知承租人或者存在其他侵害承租人优先购买权情形，承租人请求出租人承担赔偿责任的，人民法院应予支持。但请求确认出租人与第三人签订的房屋买卖合同无效的，人民法院不予支持。

《城镇房屋租赁合同司法解释》第二十四条 具有下列情形之一，承租人主张优先购买房屋的，人民法院不予支持：

(1)房屋共有人行使优先购买权的；

(2)出租人将房屋出卖给近亲属，包括配偶、父母、子女、兄弟姐妹、祖父母、外祖父母、孙子女、外孙子女的；

(3)出租人履行通知义务后，承租人在十五日内未明确表示购买的；

(4) 第三人善意购买租赁房屋并已经办理登记手续的。

78. 租赁期内实现房屋抵押权的，承租人能否主张优先购买权？

【解答】

可以。抵押权的实现与承租人的优先购买权不发生冲突。当出租人和抵押权人协商变卖租赁房屋以偿还债务时，应当在合理期限内通知承租人，承租人可以在同等条件下优先购买该房屋。

【法律依据】

《城镇房屋租赁合同司法解释》第二十二条　出租人与抵押权人协议折价、变卖租赁房屋偿还债务，应当在合理期限内通知承租人。承租人请求以同等条件优先购买房屋的，人民法院应予支持。

79. 在租赁关系存续期间，房屋所有权人在租赁房屋上设定抵押权，当债权人要求实现该抵押权时，承租人能否继续占有使用租赁房屋？

【解答】

因为承租人与出租人的租赁关系成立在前，因此不论租赁合同是否登记备案，均不受抵押权的影响，在抵押权实现后，承租人可以要求房屋受让人履行原租赁合同，承租人可以在支付租金的情况下继续占有使用房屋，直到原租赁合同期满为止。

【法律依据】

《物权法》第一百九十条　订立抵押合同前抵押财产已出租的，原租赁关系不受该抵押权的影响。抵押权设立后抵押财产出租的，该租赁关系不得对抗已登记的抵押权。

最高人民法院《关于适用〈中华人民共和国担保法〉若干问题的解释》第六十五条　抵押人将已出租的财产抵押的，抵押权实现后，租赁合同在有效期内对抵押物的受让人继续有效。

80. 已经抵押的房屋出租的，租赁关系可以对抗抵押权吗？

【解答】

房屋在租赁关系成立之前已经合法抵押的，租赁关系不能抵抗抵押权，法律为保护设立在先的抵押权，承租人不受“买卖不破租赁”原则的保护，因此若抵押权人实现抵押权发生所有权的变动，此时承租人不能请求受让人继续履行原租赁合同。但是出租人将已抵押的房屋出租时应该书面告知承租人，否则应该对承租人的损失承担赔偿责任。

【法律依据】

《物权法》第一百九十条　订立抵押合同前抵押财产已出租的，原租赁关系不受该抵押权的影响。抵押权设立后抵押财产出租的，该租赁关系不得对抗已登记的抵押权。

《城镇房屋租赁司法解释》第二十条　租赁房屋在租赁期间发生所有权变动，承租人请求房屋受让人继续履行原租赁合同的，人民法院应予支持。但租赁房屋具有下列情形或者当事人另有约定的除外：

(1)房屋在出租前已设立抵押权，因抵押权人实现抵押权发生所有权变动的；

(2)房屋在出租前已被人民法院依法查封的。

最高人民法院《关于适用〈中华人民共和国担保法〉若干问题的解释》第六十六条 抵押人将已抵押的财产出租的，抵押权实现后，租赁合同对受让人不具有约束力。抵押人将已抵押的财产出租时，如果抵押人未书面告知承租人该财产已抵押的，抵押人对出租抵押物造成承租人的损失承担赔偿责任；如果抵押人已书面告知承租人该财产已抵押的，抵押权实现造成承租人的损失，由承租人自己承担。

81. 原租赁合同到期后，出租人与承租人口头续租有效吗？

【解答】

租赁期限届满之时，原书面租赁合同因履行完毕而终止，双方可以口头约定继续保持租赁关系，合同的内容与原书面合同保持一致。但需要注意，依据《合同法》规定，如果原书面合同租赁期在六个月以下的，则双方新的口头合同可以全部成立，新的租赁关系与原租赁关系一样；如果原书面合同租赁期为六个月以上的，则双方的租赁关系按原条件继续存在，但租赁期变为不定期，双方可以随时解除租赁合同。

【法律依据】

《合同法》第二百一十五条 租赁期限六个月以上的，应当采用书面形式。当事人未采用书面形式的，视为不定期租赁。

82. 租赁期满后双方依然继续履行合同的，租赁关系是否继续存在？

【解答】

房屋租赁期限届满后，承租人继续使用租赁房屋且支付租金，出租人接受租金不表示反对的，双方之间仍存在有效的租赁关系，且条件与原合同一致，但租赁期限变为不定期。

【法律依据】

《合同法》第二百三十二条　当事人对租赁期限没有约定或者约定不明确，依照本法第六十一条的规定仍不能确定的，视为不定期租赁。当事人可以随时解除合同，但出租人解除合同应当在合理期限之前通知承租人。

《合同法》第二百三十六条　租赁期间届满，承租人继续使用租赁物，出租人没有提出异议的，原租赁合同继续有效，但租赁期限为不定期。

83. 房屋租赁纠纷发生后，最晚应该在什么时候起诉(诉讼时效)？

【解答】

诉讼时效是指权利人请求法院保护其民事权利的有效时间，若在该时间内不行使该项权利，则法院即不再予以法律保护。因此起诉的最后期限是由法律规定的，请求支付租金的最晚时间是一年，当事人约定更长或者更短都没有效力。

【法律依据】

《民法总则》第一百八十八条　向人民法院请求保护民事权利的诉讼时效期间为三年。法律另有规定的，依照其规定。

《民法通则》第一百三十六条　下列的诉讼时效期间为一年：

(1)身体受到伤害要求赔偿的；

(2)出售质量不合格的商品未声明的；

(3)延付或者拒付租金的；

(4)寄存财物被丢失或者损毁的。

84. 商品房预售合同需要登记吗？

【解答】

需要。我国法律规定开发商应当自签约之日起30日内向房地产管理里部门和市县人民政府土地管理部门办理商品房预售合同登记备案手续。

【法律依据】

《城市房地产管理法》第四十五条　商品房预售，应当符合下列条件：

(四)向县级以上人民政府房产管理部门办理预售登记，取得商品房预售许可证明。

商品房预售人应当按照国家有关规定将预售合同报县级以上人民政府房产管理部门和土地管理部门登记备案。

《城市房地产开发管理经营条例》第二十七条　房地产开发企

业应当自商品房预售合同签订之日起三十日内，到商品房所在地的县级以上人民政府房地产开发主管部门和负责土地管理工作的部门备案。

《商品房预售管理办法》第十条　商品房预售，开发经营企业应当与承购人签订商品房预售合同。预售人应当在签约之日起三十日内持商品房预售合同向县级以上人民政府房地产管理部门和土地管理部门办理登记备案手续。

商品房的预售可以委托代理人办理，但必须有书面委托书。

85. 商品房预售合同可以转让吗？

【解答】

不能。我国《城市房地产管理法》明确规定了未经登记领取权属证书的商品房不能转让，因此商品房预售合同也不能转让。

【法律依据】

《中华人民共和国城市房地产管理法》第三十八条　下列房地产，不得转让：未依法登记领取权属证书的；

《中华人民共和国城市房地产管理法》第四十六条　商品房预售的，商品房预购人将购买的未竣工的预售商品房再行转让的问题，由国务院规定。

《关于做好稳定住房价格工作的意见》　七、切实整顿和规范市场秩序，严肃查处违法违规销售行为根据《中华人民共和国城市房地产管理法》有关规定，国务院决定，禁止商品房预购人将购买的未竣工的预售商品房再行转让。在预售商品房竣工交付、预购人取得房屋所有权证之前，房地产主管部门不得为其办理转让等手续；房屋所有权申请人与登记备案的预售合同载明的预购人不一致的，房屋权属登记机关不得为其办理房屋权属登记手续。实行实名制购房，推行商品房预销售合同网上即时备案，防范私下交易行为。

86. 购房者申请按揭贷款一定要购买保险吗？

【解答】

我国并没有强制要求按揭贷款购房者一定要购买保险。但事实上，贷款银行为了防范抵押房产意外灭失或损害等带来的风险，往往会要求购房者按照其要求购买相应的保险，否则不予放贷。因此，这种保险在实践中已经成了一种"强制保险"。依据《城市房地产抵押管理办法》第二十三条的规定，抵押当事人约定对抵押房地产保险的，由抵押人为抵押的房地产投保，保险费由抵押人负担。抵押房地产投保的，抵押人应当将保险单移送抵押权人保管。在抵押期间，抵押权人为保险赔偿的第一受益人。也就是说，房地产保险的投保人为购房者，第一受益人为按揭银行，保险费用由购房者负担，按揭银行对保险赔偿金享有优先受偿的权利。

【法律依据】

《城市房地产抵押管理办法》第二十三条　抵押当事人约定对抵押房地产保险的，由抵押人为抵押的房地产投保，保险费由抵押人负担。抵押房地产投保的，抵押人应当将保险单移送抵押权人保管。在抵押期间，抵押权人为保险赔偿的第一受益人。

87. 什么是商品房销售的“两书”？

【解答】

商品房销售的“两书”指：《住房质量保证书》和《住宅使用说明书》。前者是房地产开发商在房屋交付使用时提供给购房者，以保证其对住宅质量承担责任，后者是在房屋交付使用时提供给购房者，用以告知房屋使用的方法和注意事项的法律文书。

【法律依据】

《城市房地产开发经营管理条例》第三十一条　房地产开发企业应当在商品房交付使用时，向购买人提供住宅质量保证书和住宅使用说明书。

住宅质量保证书应当列明工程质量监督单位核验的质量等级、保修范围、保修期和保修单位等内容。房地产开发企业应当按照住宅质量保证书的约定，承担商品房保修责任。

保修期内，因房地产开发企业对商品房进行维修，致使房屋原使用功能受到影响，给购买人造成损失的，应当依法承担赔偿责任。

88. 商品房有保质期吗？

【解答】

商品房和其他商品一样也有保质期，我国法律对商品房质量保修期做了明确规定，开发商规定的保修期不能少于国家规定的标准，但可以延长。保修期从开发商将验收合格的房屋交付购房者使用之日起开始计算，如果在保修期内发生属于保修范围的质量问题，开发商应该履行保修义务并承担赔偿责任。

【法律依据】

《商品住宅实行住宅质量保证书和住宅使用说明书制度的规定》第五条　《住宅质量保证书》应当包括以下内容：

(1)工程质量监督部门核验的质量等级。

(2)地基基础和主体结构在合理使用寿命年限内承担保修。

(3)正常使用情况下各部位、部件保修内容与保修期：

屋面防水三年；

墙面、厨房和卫生间地面、地下室、管道渗漏一年；

墙面、顶棚抹灰层脱落一年；

地面空鼓开裂、大面积起砂一年；

门窗翘裂、五金件损坏一年；

管道堵塞二个月；

供热、供冷系统和设备一个采暖期或供冷期；

卫生洁具一年；

灯具、电器开关六个月；

其他部位、部件的保修期限，由房地产开发企业与用户自行约定。

(4)用户报修的单位，答复和处理的时限。

第六条　住宅保修期从开发企业将竣工验收的住宅交付用户使用之日起计算，保修期限不应低于本规定第五条规定的期限。房地产开发企业可以延长保修期。

89. 办理房产证应该找哪个部门？

【解答】

根据《城市房地产管理法》等有关规定，在依法取得的房地产开发用地上建成房屋的，应当凭土地使用权证书向县级以上地方人民政府房产管理部门申请登记由县级以上地方人民政府房产管理部门核实并颁发房屋所有权证书。房地产转让或者变更时，应当向县级以上地方人民政府房产管理部门申请房产变更登记，并凭变更后的房屋所有权证书向同级人民政府土地管理部门申请土地使用权变更登记，经同级人民政府土地管理部门核实，由同级人民政府更换或者更改土地使用权证书。

【法律依据】

《中华人民共和国城市房地产管理法》第六十条　国家实行土地使用权和房屋所有权登记发证制度。

《中华人民共和国城市房地产管理法》第六十一条　以出让或者划拨方式取得土地使用权，应当向县级以上地方人民政府土地管理部门申请登记，经县级以上地方人民政府土地管理部门核实，由同级人民政府颁发土地使用权证书。

在依法取得的房地产开发用地上建成房屋的，应当凭土地使用权证书向县级以上地方人民政府房产管理部门申请登记，由县级以上地方人民政府房产管理部门核实并颁发房屋所有权证书。

房地产转让或者变更时，应当向县级以上地方人民政府房产管理部门申请房产变更登记，并凭变更后的房屋所有权证书向同级人民政府土地管理部门申请土地使用权变更登记，经同级人民政府土地管理部门核实，由同级人民政府更换或者更改土地使用权证书。

法律另有规定的，依照有关法律的规定办理。

90. 因为开发商的原因导致购房者无法取得房产证的，购房者如何维权？

【解答】

最高人民法院《关于审理商品房买卖合同纠纷案件适用法律若干问题的解释》第十八条规定了三种因开发商原因导致购房者无法如期取得房产证时，开发商需要承担违约责任的情形，购房者可以依此维权。这三种情形分别是：

(1)购房者在商品房买卖合同约定的办理房屋所有权登记的期限内，未办妥房产证的；

(2)商品房买卖合同的标的物为尚未建成房屋的，购房者自房屋交付使用之日起九十日内，未办妥房产证的；

(3)商品房买卖合同的标的物为已竣工房屋的，购房者自合同订立之日起九十日内，未办妥房产证的。

对于赔偿的数额，如果合同没有约定违约金或者损失数额难以确定的，可以按照已付购房款总额，参照中国人民银行规定的金融机构计收逾期贷款利息的标准计算。另外，如果商品房买卖合同约定或者依据法律规定的办理房屋所有权登记的期限届满后超过一年，由于开发商的原因，导致购房者无法办理房屋所有权登记，购房者可以请求解除合同和赔偿损失。

【法律依据】

《最高人民法院关于审理商品房买卖合同纠纷案件适用法律若干问题的解释》第十八条　由于出卖人的原因，买受人在下列期限届满未能取得房屋权属证书的，除当事人有特殊约定外，出卖人应当承担违约责任：

(1)商品房买卖合同约定的办理房屋所有权登记的期限；

商品房买卖合同的标的物为尚未建成房屋的，自房屋交付使用之日起九十日；

(2)商品房买卖合同的标的物为已竣工房屋的，自合同订立之日起九十日。合同没有约定违约金或者损失数额难以确定的，可以按照已付购房款总额，参照中国人民银行规定的金融机构计收逾期贷款利息的标准计算。

91. 什么样的商品房不能办理房地产权属证书？

【解答】

根据我国《房屋登记办法》的规定，有下列情形之一的，登记机关应当作出不予登记的决定：①未依法取得规划许可、施工许可或者未按照规划许可的面积等内容建造的建筑申请登记的；②申请人不能提供合法、有效的权利来源证明文件或者申请登记的房屋权利与权利来源证明文件不一致的；③申请登记事项与房屋登记簿记载冲突的；④申请登记房屋不能特定或者不具有独立利用价值的；⑤房屋已被依法征收、没收，原权利人申请登记的；⑥房屋被依法查封期间，权利人申请登记的；⑦法律、法规和本办法规定的其他不予登记的情形。

【法律依据】

《房屋登记办法》第二十二条　有下列情形之一的，房屋登记机构应当不予登记：

(1)未依法取得规划许可、施工许可或者未按照规划许可的面积等内容建造的建筑申请登记的；

(2)申请人不能提供合法、有效的权利来源证明文件或者申请登记的房屋权利与权利来源证明文件不一致的；

(3)申请登记事项与房屋登记簿记载冲突的；

(4)申请登记房屋不能特定或者不具有独立利用价值的；

(5)房屋已被依法征收、没收，原权利人申请登记的；

(6)房屋被依法查封期间，权利人申请登记的；

(7)法律、法规和本办法规定的其他不予登记的情形。

92. 申请房屋所有权登记要准备什么材料？

【解答】

依据我国相关法律规定，申请房屋所有权登记时需要：登记申请书；申请人身份证明；房屋所有权证书或者房地产权证书；证明房屋所有权发生转移的材料，例如买卖合同、赠与合同、受遗赠证明、继承证明人民法院或者仲裁委员会生效的法律文书等其他证明房屋所有权发生转移的材料。

【法律依据】

《房屋登记办法》第三十三条　申请房屋所有权转移登记，应当提交下列材料：

(1)登记申请书；

(2)申请人身份证明；

(3)房屋所有权证书或者房地产权证书；

(4)证明房屋所有权发生转移的材料；

(5)其他必要材料。

前款第(4)项材料，可以是买卖合同、互换合同、赠与合同、受遗赠证明、继承证明、分割协议、合并协议、人民法院或者仲裁委员会生效的法律文书，或者其他证明房屋所有权发生转移的材料。

93. 商品房买卖合同纠纷应该去哪个法院起诉？

【解答】

依据《民事诉讼法》规定，不动产纠纷诉讼，由不动产所在地人民法院专属管辖。商品房属于不动产，所以商品房买卖合同纠纷由商品房所在地人民法院管辖。

【法律依据】

《民事诉讼法》第三十三条　下列案件，由本条规定的人民法院专属管辖：

(1)因不动产纠纷提起的诉讼，由不动产所在地人民法院管辖；

(2)因港口作业中发生纠纷提起的诉讼，由港口所在地人民法院管辖；

(3)因继承遗产纠纷提起的诉讼，由被继承人死亡时住所地或者主要遗产所在地人民法院管辖。

94. 没有办理产权过户登记的会不会影响二手房买卖合同的效力?

【解答】

没有办理产权过户登记不影响二手房买卖合同的效力。只要二手房买卖合同是出于双方当事人真实意愿签订的，而且没有违反法律、行政法规的强制性规定，就是有效的。办理过户只是购房者取得房屋所有权的前提，并不是买卖合同生效的前提。

【法律依据】

《合同法》第四十四条　依法成立的合同，自成立时生效。

法律、行政法规规定应当办理批准、登记等手续生效的，依照其规定。

《关于贯彻执行民事政策法律若干问题的意见》第五十六条　买卖双方自愿，并立有契约、买方已交付了房款，并实际使用和管理了房屋，又没有其他违法行为，只是买卖手续不完善的，应认为买卖关系有效，但应着其补办房屋买卖手续。

95. 未经消防验收的房屋可以出租吗?

【解答】

如果该房屋实际上符合消防安全，可以安全使用，那么即使未经过消防验收，法院也可以认定租赁合同有效，但在房屋无法使用时，承租人有权单方面解除合同；如果该房屋存在重大消防安全隐患，即从一开始就不能安全使用，则这种房屋不能出租。

【法律依据】

《房屋租赁合同司法解释》　第八条　因下列情形之一，导致租赁房屋无法使用，承租人请求解除合同的，人民法院应予支持：

(1)租赁房屋被司法机关或者行政机关依法查封的；

(2)租赁房屋权属有争议的；

(3)租赁房屋具有违反法律、行政法规关于房屋使用条件强制性规定情况的。

96. 什么是出租人的瑕疵担保义务？

【解答】

出租人的瑕疵担保义务是指出租人必须保证在租赁期间承租人能够正常使用租赁房屋，如果合同中承租人对租赁房屋有特殊要求的，出租人还需要满足特殊要求，若没有特殊约定的，则只要不影响房屋正常使用，出租人就不违反瑕疵担保义务。

【法律依据】

《合同法》第二百一十六条　出租人应当按照约定将租赁物交付承租人，并在租赁期间保持租赁物符合约定的用途。

《合同法》第二百二十八条　因第三人主张权利，致使承租人不能对租赁物使用、收益的，承租人可以要求减少租金或者不支付租金。

第三人主张权利的，承租人应当及时通知出租人。

97. 承租人擅自转租的，出租人最迟应当在什么时候主张转租无效？

【解答】

我国相关法律规定，出租人应该在知道或者应当知道转租的事实后，六个月内出异议，主张转租无效。否则，六个月时间过去后，就不能再表示自己不同意转租的主张或者抗辩理由。因此，出租人应该尽早主张转租无效，否则人民法院不再支持其抗辩事由。

【法律依据】

《城镇房屋租赁合同司法解释》第十六条　出租人知道或者应当知道承租人转租，但在六个月内未提出异议，其以承租人未经同意为由请求解除合同或者认定转租合同无效的，人民法院不予支持。

因租赁合同产生的纠纷案件，人民法院可以通知次承租人作为第三人参加诉讼。

98. 承租人应该如何支付房租？

【解答】

支付租金是承租人的一项基本义务，承租人在正常使用房屋后，应当定期按时足额支付租金。租金收取的方式比较灵活，租赁双方可以自由约定。如果双方在合同中明确约定了租金的多少，何时支付，怎样支付，那么承租人就应该按约定履行，否则构成违约。如果双方在合同中对何时支付约定的不清楚或没有约定的，双方可以补充约定，不能补充约定的按照交易习惯支付，如果仍然不能确定的，若租赁期间不满一年的，应当在租赁期间届满时支付；若租赁期间为一年以上的，应当在每届满一年时支付，剩余期间不满一年的，应当在租赁期间届满时支付。

【法律依据】

《合同法》第二百二十六条　承租人应当按照约定的期限支付租金。对支付期限没有约定或者约定不明确，依照本法第六十一条的规定仍不能确定，租赁期间不满一年的，应当在租赁期间届满时支付；租赁期间一年以上的，应当在每届满一年时支付，剩余期间不满一年的，应当在租赁期间届满时支付。

99. 承租人将房租交付给出租人的亲友，可以视为已经交付房租吗？

【解答】

依照合同的相对性，承租人只能向出租人支付房租，如果错将房租支付给出租人的亲友或其他人的，承租人只能向收受房租的人主张不当得利返还，而不能向出租人主张租金已支付。但存在两种例外情况，一是：如果租赁双方在租赁合同中明确约定了承租人可以将租金支付给出租人指定的亲友的，那么承租人向出租人亲友支付房租的行为视为交付租金；二是：如果出租人不方便管理房屋，委托其亲友代为收取租金的，承租人可以将租金交付给该亲友视为已经交付租金。

【法律依据】

《合同法》第六十四条　当事人约定由债务人向第三人履行债务的，债务人未向第三人履行债务或者履行债务不符合约定，应当向债权人承担违约责任。

100. 什么情况下出租人可以提前收回租赁房屋？

【解答】

如果租赁双方在合同中约定解除事由的，则事由发生时房东就可提前收回房屋。如果双方没有约定的，则根据法律的规定，房东在下列情况下可以提前收回房屋：

(1) 承租人无故不支付或者迟延支付租金的。若承租人是因一时经济困难，无法及时支付的，应该给予一定的宽限期，待到合理宽限期满仍不支付的，出租人可以解除台同。

(2) 被法律视为不定期租赁的，房东可以“提前”收回房屋。

由于合同法对租赁期限的特殊规定，可能导致租赁双方对期限的约定无效，从而被视为不定期租赁。在这种情况下，在承租人看来房东是提前收回了房屋，但实际上，双方对期限的约定在法律意义上不成立，因而房东并没有提前收回房屋，只是行使了随时解除合同的权利。

(3) 承租人未经出租人同意擅自转租的。这里需要注意的是，虽然法律赋予了出租人得知承租人自转租后，单方解除合同的权利，但是这一权利必须在合理期限内行使，否则不能再以此为理由提前收回房屋。

(4) 承租人未按照约定或正当用途使用房屋的，以及承租人擅自变动房屋建筑主体和承重结构或者扩建，房东要求恢复原貌承租人不予理睬的。此时，房东不但可以提前收回房屋，如果造成房屋毁损的还可以要求承租人赔偿损失。

【法律依据】

《合同法》第二百二十七条 承租人无正当理由未支付或者迟延支付租金的，出租人可以要求承租人在合理期限内支付。承租人逾期不支付的，出租人可以解除合同。

《合同法》第二百三十二条 当事人对租赁期限没有约定或者约定不明确，依照本法第六十一条的规定仍不能确定的，视为不定期租赁。当事人可以随时解除合同，但出租人解除合同应当在合理期限之前通知承租人。

《合同法》第二百二十四条 承租人经出租人同意，可以将租赁物转租给第三人。承租人转租的，承租人与出租人之间的租赁合同继续有效，第三人对租赁物造成损失的，承租人应当赔偿损失。

承租人未经出租人同意转租的，出租人可以解除合同。

《商品房屋租赁管理办法》第十一条 承租人转租房屋的，应当经出租人书面同意。

承租人未经出租人书面同意转租的，出租人可以解除租赁合同，收回房屋并要求承租人赔偿损失。

《最高人民法院关于审理城镇房屋租赁合同纠纷案件具体应用法律若干问题的解释》第七条 承租人擅自变动房屋建筑主体和承重结构或者扩建，在出租人要求的合理期限内仍不予恢复原状，出租人请求解除合同并要求赔偿损失的，人民法院依照合同法第二百一十九条的规定处理。

二、消费者权益篇

1.《消费者权益保护法》中对要保护的消费者有什么限制条件？

【解答】

消法保护的是为了生活消费的购买者，而不是为了生产经营的购买者。为了生活需要而消费的消费者，对于产品和服务的了解相对于经营者一般处于弱势地位，因此消法要给予特别保护。而为了生产需要而消费的消费者，一般具备相应的知识和经验，他们购买商品和接受服务属于经营行为而非消费行为，他们与经营者之间的纠纷，可以通过合同或其他法律关系来解决。

【法律依据】

《消费者权益保护法》第二条　消费者为生活消费需要购买、使用商品或者接受服务，其权益受本法保护；本法未做规定的，受其他有关法律、法规保护。

2. 对于一些“知假买假”，购买商品是为了获得大额赔偿的“职业打假人”，法院会认可他们为消法意义上的消费者并保护他们的权益吗？

【解答】

关于“职业打假人”是否受《消费者权益保护法》保护的问题，之前在理论和实践中存在争议。就目前的情况看，对于食品和药品领域的纠纷，法院大多不会否认“职业打假人”的消费者身份，可能会支持其合理的诉求。但在食品药品领域以外的纠纷，法院会限制对“职业打假人”的保护，当然前提是作为被告的经营者能证明或法院根据查明的事实可以认定原告为“职业打假人”。

【法律依据】

《最高人民法院关于审理食品药品纠纷案件适用法律若干问题的规定》(自 2014 年 3 月 15 日起施行) 第三条　因食品、药品质量问题发生纠纷，购买者向生产者、销售者主张权利，生产者、销售者以购买者明知食品、药品存在质量问题而仍然购买为由进行抗辩的，人民法院不予支持。

《最高人民法院办公厅对十二届全国人大五次会议第 5990 号建议的答复意见》法办函【2017】181 号(2017 年 5 月 19 日)

对于知假买假行为如何处理，知假买假者是否具有消费者身份的问题，《消费者权益保护法》和《食品安全法》并没有作出明确规定，导致这一问题在理论界和实务界都存在争议。……考虑食药安全问题的特殊性及现有司法解释和司法实践的具体情况，我们认为目前可以考虑在除购买食品、药品之外的情形，逐步限制职业打假人的牟利性打假行为。我们将根据实际情况，积极考虑阳国秀等代表提出的建议，适时借助司法解释、指导性案例等形式，逐步遏制职业打假人的牟利性打假行为。

3. 消费者购买商品认为有质量、安全问题或存在欺诈，应把谁列为被告提起诉讼？

【解答】

消费者遇到产品纠纷需要起诉时，可以将生产商和销售商共同列为被告，也可选择生产商或销售商其中之一作为被告。在起诉销售商时，由于消费者一般是在商超门店购买，具体门店可能是某公司的分公司，可将该公司和其分公司共同列为被告，也可只将分公司门店列为被告。因为分公司虽然不具有独立法人资格，但其也进行了工商登记，有营业执照，可以作为民事诉讼的当事人。在执行中，如果分公司没有履行能力，则法院会直接裁定由总公司承担责任，直接执行总公司的财产。

【法律依据】

《消费者权益保护法》第四十条　消费者在购买、使用商品时，其合法权益受到损害的，可以向销售者要求赔偿。

消费者或者其他受害人因商品缺陷造成人身、财产损害的，可以向销售者要求赔偿，也可以向生产者要求赔偿。属于生产者责任的，销售者赔偿后，有权向生产者追偿。属于销售者责任的，生产者赔偿后，有权向销售者追偿。

《食品安全法》第一百四十八条　消费者因不符合食品安全标准的食品受到损害的，可以向经营者要求赔偿损失，也可以向生产者要求赔偿损失。

《产品质量法》第四十三条　因产品存在缺陷造成人身、他人财产损害的，受害人可以向产品的生产者要求赔偿，也可以向产品的销售者要求赔偿。

《最高人民法院关于人民法院执行工作若干问题的规定(试行)》法释〔1998〕15号78　被执行人为企业法人的分支机构不能清偿债务时，可以裁定企业法人为被执行人。企业法人直接经营管理的财产仍不能清偿债务的，人民法院可以裁定执行该企业法人其他分支机构的财产。

4. 有时商家有“最低消费”“禁止自带酒水”“开瓶费”等强制规定，这些做法符合法律规定吗？

【解答】

不合法，因为这些强制规定剥夺了消费者权益保护法赋予消费者的自主选择权和公平交易权，是违法行为。

【法律依据】

《消费者权益保护法》第九条　消费者享有自主选择商品或者服务的权利。

消费者有权自主选择提供商品或者服务的经营者，自主选择商品品种或者服务方式，自主决定购买或者不购买任何一种商品、接受或者不接受任何一项服务。

《消费者权益保护法》第十条　消费者享有公平交易的权利。

消费者在购买商品或者接受服务时，有权获得质量保障、价格合理、计量正确等公平交易条件，有权拒绝经营者的强制交易行为。

5. 消费者和经营者发生争议的，可以通过哪些途径解决纠纷？

【解答】

首先双方可以先进行协商，达不成一致的，可以拨打12315消费者申诉举报专用电话投诉，或者向消费者协会请求处理、调解，如果认为产品质量或进货渠道、许可经营有问题的也可先向有关行政部门投诉。最后可以向法院起诉或根据仲裁条款提请仲裁来维护自己的合法权益。

【法律依据】

《消费者权益保护法》第三十九条　消费者和经营者发生消费者权益争议的，可以通过下列途径解决：

(1)与经营者协商和解；

(2)请求消费者协会或者依法成立的其他调解组织调解；

(3)向有关行政部门投诉；

(4)根据与经营者达成的仲裁协议提请仲裁机构仲裁；

(5)向人民法院提起诉讼。

6. 消费者在餐馆、超市、宾馆这些地方滑倒受伤，经营者应该承担什么样的责任？

【解答】

餐馆、超市、宾馆的经营者有赔偿责任，消费者可以提起违反安全保障义务责任纠纷的诉讼。消费者要求赔偿的费用包括：医疗费、误工费、护理费、交通费、住宿费、住院伙食补助费、必要的营养费。经鉴定构成伤残的，还可要求法医鉴定费、残疾赔偿金、精神损害抚慰金等。从事餐饮购物住宿等经营活动的自然人、法人，对其经营场所负有一定程度的安全保障义务。而且对于这种以营利为目的的公共场所，其对消费者的安全保障义务应当高于非营利性场所如免费公园、图书馆等。消费者对于损害发生也有过错的，应根据过失相抵原则，减轻经营者的责任。法院会根据当时地面湿滑程度、有无警示标志和防滑措施、发生损害时的处置是否妥当、救助是否及时以及消费者的疏忽程度等情节，综合来比较双方的过错，从而确定相关经营者应承担的消费者损失比例。

【法律依据】

《最高人民法院关于审理人身损害赔偿案件适用法律若干问题的解释》第二条　受害人对同一损害的发生或者扩大有故意、过失的，依照民法通则第一百三十一条的规定，可以减轻或者免除赔偿义务人的赔偿责任。

《最高人民法院关于审理人身损害赔偿案件适用法律若干问题的解释》第六条　从事住宿、餐饮、娱乐等经营活动或者其他社会活动的自然人、法人、其他组织，未尽合理限度范围内的安全保障义务致使他人遭受人身损害，赔偿权利人请求其承担相应赔偿责任的，人民法院应予支持。

7. 赠品是否受消法保护？赠品有质量问题可以索赔吗？

【解答】

赠品也应受消法保护，有质量问题消费者也可以要求退赔。

首先，赠品往往是附条件的，消费者需要达到一定消费金额或需要购买某些商品才能得到赠品，因此获得赠品并不等于是无偿的。经营者不能以是赠与为由故意向消费者提供不合格的商品或服务。其次，消法对经营者提供商品或服务的相关规定，并没有设置限制条件和范围。因此，经营者附赠的商品或者服务也应适用《消费者权益保护法》。

【法律依据】

《消费者权益保护法》第五十二条　经营者提供商品或者服务，造成消费者财产损害的，应当依照法律规定或者当事人约定承担修理、重做、更换、退货、补足商品数量、退还货款和服务费用或者赔偿损失等民事责任。

《零售商促销行为管理办法》第十二条　零售商开展促销活动，不得降低促销商品（包括有奖销售的奖品、赠品）的质量和售后服务水平，不得将质量不合格的物品作为奖品、赠品。

8. 消费者在店里买了商品，后发现有质量问题，去找商家退货，商家却以在店堂有告示“亏本销售、概不退货”为由，拒绝退货。商家这样做合法吗？

【解答】

不合法。商家虽然事先打出了告示，一方面没有证据证明店家提醒消费者注意了该告示，另一方面商家的告示排除了消费者权利、免除了经营者责任，并侵犯了法律赋予消费者的公平交易权利。所以该告示是无效的，商家应该依法退货。

【法律依据】

《消费者权益保护法》第十条 消费者享有公平交易的权利。

消费者在购买商品或者接受服务时，有权获得质量保障、价格合理、计量正确等公平交易条件，有权拒绝经营者的强制交易行为。

《消费者权益保护法》第二十四条 经营者提供的商品或者服务不符合质量要求的，消费者可以依照国家规定、当事人约定退货，或者要求经营者履行更换、修理等义务。没有国家规定和当事人约定的，消费者可以自收到商品之日起七日内退货；七日后符合法定解除合同条件的，消费者可以及时退货，不符合法定解除合同条件的，可以要求经营者履行更换、修理等义务。

《消费者权益保护法》第二十六条 经营者在经营活动中使用格式条款的，应当以显著方式提请消费者注意商品或者服务的数量和质量、价款或者费用、履行期限和方式、安全注意事项和风险警示、售后服务、民事责任等与消费者有重大利害关系的内容，并按照消费者的要求予以说明。

经营者不得以格式条款、通知、声明、店堂告示等方式，作出排除或者限制消费者权利、减轻或者免除经营者责任、加重消费者责任等对消费者不公平、不合理的规定，不得利用格式条款并借助技术手段强制交易。

格式条款、通知、声明、店堂告示等含有前款所列内容的，其内容无效。

9. 经常听到有“退一赔三”“假一罚十”之类的宣传，它们有什么区别？相关法律对经营者到底有哪些具体的惩罚性赔偿规定？

【解答】

这是指法律规定的两种惩罚性赔偿措施。一种是针对食品，如果消费者买到了不符合食品安全标准的食品，除了退款，还可向生产者或经营者要求十倍价款的赔偿款，这样算出来的赔偿金不满一千的按一千计，即所谓“退一赔十，保底一千”。当然如果造成了消费者的具体损失，也可要求三倍损失的赔偿金。另一种是针对一般商品或服务，经营者有欺诈行为的，消费者除了退款，还可要求经营者支付三倍价款的赔偿款，如果不满五百元的按五百元计，即所谓“退一赔三，保底五百”，如果明知商品或服务存在缺陷而提供，造成消费者伤亡的，受害者除了要求经营者赔偿损失，还可要求二倍损失的赔偿。这里要注意一点，要求“退一”时，最好商品还是完整的没有消耗，可以将商品返还给经营者，否则法院可能不支持“退一”，这时只能要求“赔三”或“赔十”了。

【法律依据】

《消费者权益保护法》第五十五条　经营者提供商品或者服务有欺诈行为的，应当按照消费者的要求增加赔偿其受到的损失，增加赔偿的金额为消费者购买商品的价款或者接受服务的费用的三倍；增加赔偿的金额不足五百元的，为五百元。法律另有规定的，依照其规定。

经营者明知商品或者服务存在缺陷，仍然向消费者提供，造成消费者或者其他受害人死亡或者健康严重损害的，受害人有权要求经营者依照本法第四十九条、第五十一条等法律规定赔偿损失，并有权要求所受损失二倍以下的惩罚性赔偿。

《食品安全法》第一百四十八条 生产不符合食品安全标准的食品或者经营明知是不符合食品安全标准的食品，消费者除要求赔偿损失外，还可以向生产者或者经营者要求支付价款十倍或者损失三倍的赔偿金；增加赔偿的金额不足一千元的，为一千元。但是，食品的标签、说明书存在不影响食品安全且不会对消费者造成误导的瑕疵的除外。

《最高人民法院关于审理食品药品纠纷案件适用法律若干问题的规定》第十五条 生产不符合安全标准的食品或者销售明知是不符合安全标准的食品，消费者除要求赔偿损失外，向生产者、销售者主张支付价款十倍赔偿金或者依照法律规定的其他赔偿标准要求赔偿的，人民法院应予支持。

10. 有时购买商品价值较小，要“赔三”“赔十”就要用到保底五百或一千。如果是分几次购买的同一商品，这时起诉到法院，法院是把几次购物算成一次，一共保底五百或一千？还是按几次购物每次都要保底来判？

【解答】

同一种商品购买了几次，如果是一起提起诉讼，增加赔偿的金额应指全部商品价款的三倍或十倍。因为几次购买同一商品，导致消费者对涉案商品产生误解的也系同一欺诈行为，因此法院会把几次购物共同按一次保底来算，一共只保底赔偿五百或一千。

【法律依据】

《消费者权益保护法》第五十五条　经营者提供商品或者服务有欺诈行为的，应当按照消费者的要求增加赔偿其受到的损失，增加赔偿的金额为消费者购买商品的价款或者接受服务的费用的三倍；增加赔偿的金额不足五百元的，为五百元。法律另有规定的，依照其规定。

《食品安全法》第一百四十八条　生产不符合食品安全标准的食品或者经营明知是不符合食品安全标准的食品，消费者除要求赔偿损失外，还可以向生产者或者经营者要求支付价款十倍或者损失三倍的赔偿金；增加赔偿的金额不足一千元的，为一千元。但是，食品的标签、说明书存在不影响食品安全且不会对消费者造成误导的瑕疵的除外。

11. 发生消费纠纷时，消费者会花费一定精力去解决。在向法院起诉时，如果提出经营者除了要退赔，还要赔偿消费者相应的交通费、误工费等因诉讼产生的费用，法院会支持吗？

【解答】

如果是产品有缺陷或经营者提供的商品、服务造成消费者人身伤害的，那当然可以要求赔偿交通费、误工费之类的费用。如果消费者仅是因为食品不符合安全标准或经营者有欺诈行为而要求惩罚性赔偿，则法院不一定会支持交通费、误工费这些因解决纠纷和参与诉讼产生的费用。一方面因为法律没有明确规定，该请求于法无据；另一方面是考虑到惩罚性赔偿的部分实际就涵盖了消费者的其他损失。

【法律依据】

《消费者权益保护法》第四十九条　经营者提供商品或者服务，造成消费者或者其他受害人人身伤害的，应当赔偿医疗费、护理费、交通费等为治疗和康复支出的合理费用，以及因误工减少的收入。造成残疾的，还应当赔偿残疾生活辅助具费和残疾赔偿金。造成死亡的，还应当赔偿丧葬费和死亡赔偿金。

12. 超市的产品标签中有一栏是产品等级，上面一般标注的都是一等或一级，但其实有的产品并无等级划分。据了解是因为物价部门要求超市应该标示等级，但对该处怎样标示并无明文规定，故超市内部对所有产品均标示一级。超市的这种行为属于欺诈吗？能否要求退赔？

【解答】

消费者在购物时难以得知产品是否有等级划分等信息，只能通过产品本身的外包装和商品的标签了解产品信息，故商品外包装以及价签上载明的信息都是影响消费者决定是否购买此种商品的重要因素。经营者在明知商品并无等级划分的情况下，自行在标签上标示商品等级为一级，该行为容易导致消费者误解，为虚构产品标准，属于虚假宣传，构成了欺诈。消费者可以提起诉讼要求退赔。

【法律依据】

《消费者权益保护法》第二十条　经营者向消费者提供有关商品或者服务的质量、性能、用途、有效期限等信息，应当真实、全面，不得作虚假或者引人误解的宣传。

《侵害消费者权益行为处罚办法》第六条　经营者向消费者提供有关商品或者服务的信息应当真实、全面、准确，不得有下列虚假或者引人误解的宣传行为：(2)以虚假或者引人误解的商品说明、商品标准、实物样品等方式销售商品或者服务；

《侵害消费者权益行为处罚办法》第十六条　经营者有本办法第五条第(7)项至第(10)项、第六条和第十三条规定行为之一的，属于欺诈行为。

13. 有的商家对消费者明确承诺“假一罚十”，如果消费者购买后发现是假冒产品，商家又以法律没规定为由拒绝十倍赔偿，这种情况要求商家赔偿十倍价款法院会支持吗？

【解答】

法院会支持。商家主动承诺“假一赔十”，是为了树立自身良好商业形象的一种单方允诺。诚实信用是民法的一项基本原则，商家应遵守自己的允诺。商家的允诺可以看作一种针对违约金的要约行为，而消费者的购买可以看作相对应的承诺行为，买卖合同成立后该商家的允诺连同合同其他条款对商家即具有法律约束力。“假一赔十”是商家自愿作出的真实意思表示，不存在合同无效、可撤销或可变更的情节，因此该约定合法有效，商家应该依约履行。

【法律依据】

《消费者权益保护法》第十六条　经营者向消费者提供商品或者服务，应当依照本法和其他有关法律、法规的规定履行义务。

经营者和消费者有约定的，应当按照约定履行义务，但双方的约定不得违背法律、法规的规定。

《合同法》第六条　当事人行使权利、履行义务应当遵循诚实信用原则。

《合同法》第八条　依法成立的合同，对当事人具有法律约束力。当事人应当按照约定履行自己的义务，不得擅自变更或者解除合同。

《合同法》第十五条　要约邀请是希望他人向自己发出要约的意思表示。寄送的价目表、拍卖公告、招标公告、招股说明书、商业广告等为要约邀请。

商业广告的内容符合要约规定的，视为要约。

14. 消费者在超市购物时，被超市工作人员怀疑偷窃，搜查了消费者携带的物品，消费者应该如何维权？

【解答】

公民的人格尊严受法律保护。超市工作人员的行为侵犯了消费者的人格尊严，客观上损害了消费者的名誉。消费者可以向法院提起诉讼，要求超市书面赔礼道歉并在营业场所张贴道歉函，并向消费者赔付一定的精神抚慰金。

【法律依据】

《消费者权益保护法》第五十条　经营者侵害消费者的人格尊严、侵犯消费者人身自由或者侵害消费者个人信息依法得到保护的权利的，应当停止侵害、恢复名誉、消除影响、赔礼道歉，并赔偿损失。

《消费者权益保护法》第二十七条　经营者不得对消费者进行侮辱、诽谤，不得搜查消费者的身体及其携带的物品，不得侵犯消费者的人身自由。

《消费者权益保护法》第五十一条　经营者有侮辱诽谤、搜查身体、侵犯人身自由等侵害消费者或者其他受害人人身权益的行为，造成严重精神损害的，受害人可以要求精神损害赔偿。

15. 有时消费者经过超市出口时，报警器会响，如果消费者不配合，这时超市工作人员可以搜查消费者的身体或行李吗？

【解答】

不可以。超市工作人员无权对消费者搜身，否则是侵犯了消费者的人格尊严和人身自由权。工作人员可以请消费者自己检查身上是否有引起报警的物品。如果无法查清报警器报警的原因，超市工作人员可以报警，由警察来调查询问。

【法律依据】

《消费者权益保护法》第五十条 经营者侵害消费者的人格尊严、侵犯消费者人身自由或者侵害消费者个人信息依法得到保护的权利的，应当停止侵害、恢复名誉、消除影响、赔礼道歉，并赔偿损失。

《消费者权益保护法》第二十七条 经营者不得对消费者进行侮辱、诽谤，不得搜查消费者的身体及其携带的物品，不得侵犯消费者的人身自由。

《消费者权益保护法》第五十一条 经营者有侮辱诽谤、搜查身体、侵犯人身自由等侵害消费者或者其他受害人人身权益的行为，造成严重精神损害的，受害人可以要求精神损害赔偿。

16. 消费者在一家超市用纸笔抄写了几个商品的价格，被保安发现后以超市规定严禁抄写价格、侵犯了超市的商业秘密为由，强行搜走抄写的纸张。超市有权这么做吗？

【解答】

超市无权这么做。首先，商品价格是公开的，不属于商业秘密，消费者有权知悉并记录。其次，超市禁止抄写的规定限制了消费者权利，是无效的，对消费者没有强制力。最后，超市也无权搜查消费者的身体及其携带的纸张，此举侵犯了消费者的人身自由，更是违法的。

【法律依据】

《消费者权益保护法》第九条 消费者享有自主选择商品或者

服务的权利。

消费者在自主选择商品或者服务时，有权进行比较、鉴别和挑选。

《消费者权益保护法》第二十七条　经营者不得对消费者进行侮辱、诽谤，不得搜查消费者的身体及其携带的物品，不得侵犯消费者的人身自由。

《消费者权益保护法》第五十一条　经营者有侮辱诽谤、搜查身体、侵犯人身自由等侵害消费者或者其他受害人人身权益的行为，造成严重精神损害的，受害人可以要求精神损害赔偿。

17. 消费者在美容院办了一张美容服务卡，预存一大笔钱，后因对美容效果不满意想解除该美容服务，但美容院的服务协议中约定了消费者放弃服务不退回任何费用，这种情况消费者能否要求退回还没有消费的预存款？

【解答】

可以要求退回。服务协议中虽约定了消费者放弃或不按照安排接受服务，则不退回任何费用，但该约定是由美容院提供的格式化条款，未遵循公平原则来确定双方之间的权利和义务，明显加重了消费者的责任，故该约定无效。但消费者单方面放弃服务，应承担由此产生的后果。法院会综合考虑协议的履行程度、提供服务的情况、消费者单方面放弃服务的过错程度等因素，可能会确定消费者需向美容院支付违约金。在未消费的预存款中扣除违约金后剩下的金额，美容院应返还给消费者。

【法律依据】

《合同法》第四十条 格式条款具有本法第五十二条和第五十三条规定情形的，或者提供格式条款一方免除其责任、加重对方责任、排除对方主要权利的，该条款无效。

18. 消费者在一家教育培训机构报名参加辅导班，签订协议交了费用。接受一段时间的辅导后教育培训机构搬迁，该报名点的辅导班停办。消费者要求退款，而教育培训机构认为消费者可以在新的地点继续接受辅导，不愿意退款。法院会支持消费者的诉求吗？

【解答】

培训机构以预收款方式向消费者提供教育类商品及服务，应当按照报名协议的约定向消费者提供报名点的辅导班服务。现培训机构因自身经营原因，不能按照双方协议约定继续为消费者提供在报名点的辅导班，故消费者要求培训机构退回剩余预付款，符合法律规定。所以法院会支持培训机构向消费者退还剩余期限的预付辅导费的诉求。

【法律依据】

《合同法》第八条　依法成立的合同，对当事人具有法律约束力。当事人应当按照约定履行自己的义务，不得擅自变更或者解除合同。

《合同法》第一百零七条　当事人一方不履行合同义务或者履行合同义务不符合约定的，应当承担继续履行、采取补救措施或者赔偿损失等违约责任。

19. 消费者在超市购买食品，后发现该食品已过保质期，这属于食品安全法规定的“退一赔十”的情况吗？

【解答】

经营者销售过期食品，属于明知食品不安全而销售的行为，消费者有权请求退还货款并支付价款十倍赔偿。

【法律依据】

《食品安全法》第一百四十八条　生产不符合食品安全标准的食品或者经营明知是不符合食品安全标准的食品，消费者除要求赔偿损失外，还可以向生产者或者经营者要求支付价款十倍或者损失三倍的赔偿金；增加赔偿的金额不足一千元的，为一千元。

20. 消费者在网上平台购物，网上商家宣传某商品做活动降价，但在支付时却发现是按原价收费，而不是按宣传的“特价”，这种情况是只能要求商家退回多收的价款？还是可以要求商家按消法的规定“退一赔三”？

【解答】

如果商家事后就错误问题并未在网络上及时向消费者作出合理说明，也无证据证明当天其电脑后台系统出现故障，则法院可以认定商家对此存在欺诈消费者的故意。商家网上销售商品有价格欺诈行为，诱使消费者购买该商品的，即使该商品质量合格，消费者也有权请求商家“退一赔三”。

【法律依据】

《消费者权益保护法》第五十五条　经营者提供商品或者服务有欺诈行为的，应当按照消费者的要求增加赔偿其受到的损失，增加赔偿的金额为消费者购买商品的价款或者接受服务的费用的三倍；增加赔偿的金额不足五百元的，为五百元。

21. 消费者以网购形式购买商品，下单后支付了货款。网上商家委托快递公司送货，该货物送达交货地后被他人冒领。协商无果后，消费者可以请求法院判令商家和快递公司共同承担赔偿责任吗？

【解答】

该网购和送货行为分别形成网购合同关系和运输合同关系。

从当事人各自的权利义务来看，在网购合同中，消费者履行了自己的付款义务，销售者依约负有向消费者交货的义务。由于快递公司的工作人员在送货时未验证对方身份信息擅自将货物交由他人签收，销售者尚未完成货物交付义务，构成违约。根据合同相对性原则，合同只约束缔约双方当事人，快递公司将货物错交给他人，属于销售者与快递公司之间的运输关系。快递公司不应在本案中承担赔偿责任，故应由网上商家赔偿消费者已付的货款。

【法律依据】

《合同法》第一百零七条　当事人一方不履行合同义务或者履行合同义务不符合约定的，应当承担继续履行、采取补救措施或者赔偿损失等违约责任。

22. 对于玉器这类商品，如果材质等级和商家标明或声明的不符，能否适用消法的惩罚性赔偿规定？

【解答】

所购玉器首饰如果经有鉴定资质的地质、珠宝玉石检测机构的鉴定，鉴定结果的材质与商家标明或在销售过程中所声称的品质明显不符的，商家存在以假充真、以次充好的行为，则能够认定商家的行为构成欺诈消费者。可以适用《消费者权益保护法》的惩罚性赔偿规定，由消费者将所购玉器首饰退还商家，而商家向消费者“退一赔三”。

【法律依据】

《消费者权益保护法》第五十五条　经营者提供商品或者服务有欺诈行为的，应当按照消费者的要求增加赔偿其受到的损失，增加赔偿的金额为消费者购买商品的价款或者接受服务的费用的三倍；增加赔偿的金额不足五百元的，为五百元。

23. 汽车属于消法保护的范围吗？

【解答】

汽车“三包”规定已经出台，汽车属于国家规定的“三包”产品，因此汽车消费应当属于生活消费，家庭购买汽车属于消法保护的范畴。而且《消费者权益保护法》第 23 条也明确包括了机动车。

【法律依据】

《消费者权益保护法》第二十三条　经营者提供的机动车、计算机、电视机、电冰箱、空调器、洗衣机等耐用商品或者装饰装修等服务，消费者自接受商品或者服务之日起六个月内发现瑕疵，发生争议的，由经营者承担有关瑕疵的举证责任。

24. 消费者购买汽车后，才发现该车在购买前已被汽车生产商因产品缺陷公告召回的，能否要求汽车销售商“退一赔三”？

【解答】

作为销售商，对其所售车辆是否属于被召回的范围应当知晓，销售商隐瞒车辆瑕疵而销售，构成商业欺诈。消费者有权要求销售商退还购车款并支付三倍购车款的惩罚性赔偿。

【法律依据】

《消费者权益保护法》第五十五条　经营者提供商品或者服务有欺诈行为的，应当按照消费者的要求增加赔偿其受到的损失，增加赔偿的金额为消费者购买商品的价款或者接受服务的费用的三倍；增加赔偿的金额不足五百元的，为五百元。

25. 消费者和汽车经营公司签订《二手机动车买卖合同》，并办理了交接过户。后发现车辆有维修痕迹，查询得知该车曾因失控撞上路中央隔离带导致重大受损，消费者可以要求退车并要求惩罚性赔偿吗？

【解答】

经营者在出售二手车时，车辆是否发生过重大交通事故对消费者是否购买以及确定购买价格会有重大影响，且普通消费者也只能对车辆的外观和运转情况进行检验而无法对车辆是否发生过事故及其程度进行检验，因此经营者不应对消费者隐瞒车辆的重大修理情况。经营者作为专业的汽车经销商，既有对其销售车辆进行检验的义务，也有对车辆是否发生重大维修进行检验的能力，如其未告知消费者，可推定其主观上具有故意隐瞒该车辆系事故车的事实。经营者未如实向消费者告知这一足以影响是否购买该车或接受该价格的重大信息，其行为已构成欺诈。购买者可以要求撤销买卖合同，经营者返还购车款、购买者返还车辆。如消费者购车是为了生活消费而非生产经营，还可根据消法要求经营者给予三倍车款的赔偿。

【法律依据】

《合同法》第五十四条　下列合同，当事人一方有权请求人民法院或者仲裁机构变更或者撤销：

(1) 因重大误解订立的；

(2) 在订立合同时显失公平的。

一方以欺诈、胁迫的手段或者乘人之危，使对方在违背真实意思的情况下订立的合同，受损害方有权请求人民法院或者仲裁机构变更或者撤销。

《合同法》第五十八条　合同无效或者被撤销后，因该合同取得的财产，应当予以返还；不能返还或者没有必要返还的，应当折价补偿。有过错的一方应当赔偿对方因此所受到的损失，双方都有过错的，应当各自承担相应的责任。

《消费者权益保护法》第五十五条　经营者提供商品或者服务有欺诈行为的，应当按照消费者的要求增加赔偿其受到的损失，增加赔偿的金额为消费者购买商品的价款或者接受服务的费用的三倍；增加赔偿的金额不足五百元的，为五百元。

26. 如果消费者在汽车4S店购买一辆新车，后维修时发现该车有过曾经维修痕迹，后查询发现该车在之前曾被4S店出售过，消费者能够要求退货并要求惩罚性赔偿吗？

【解答】

购车者以为的“新车”实际上是“二手车”，而两者在消费者购买意愿和实际价格方面都存在明显差异。4S 店故意隐瞒真实情况，诱使购车者作出错误购买决定的，可以认定为欺诈行为。因此购车者可以要求撤销买卖合同，4S 店返还购车款、购车者返还车辆。如购车者购车是为了生活消费而非生产经营，还可根据消法要求 4S 店给予三倍车款的惩罚性赔偿。

【法律依据】

《合同法》第五十四条　一方以欺诈、胁迫的手段或者乘人之危，使对方在违背真实意思的情况下订立的合同，受损害方有权请求人民法院或者仲裁机构变更或者撤销。

《合同法》第五十八条　合同无效或者被撤销后，因该合同取得的财产，应当予以返还；不能返还或者没有必要返还的，应当折价补偿。有过错的一方应当赔偿对方因此所受到的损失，双方都有过错的，应当各自承担相应的责任。

《消费者权益保护法》第五十五条　经营者提供商品或者服务有欺诈行为的，应当按照消费者的要求增加赔偿其受到的损失，增加赔偿的金额为消费者购买商品的价款或者接受服务的费用的三倍；增加赔偿的金额不足五百元的，为五百元。

27. 消费者购买空调机，商家派人来安装。后附近地板、墙面被水侵蚀，经检查是空调机排水管通过的墙洞处没有封堵，老鼠咬断墙洞处排水管漏水所致。受损区域的维修费用能否要求商家赔偿？

【解答】

空调机是一种安装规范要求较高的制冷设备，销售者不仅应提供符合质量要求的机器设备，也应提供符合规范要求的安装服务。不论实际是由生产厂家安装还是由销售者安装，都不能排除销售者作为合同相对方负有的确保空调正常使用，不造成人身财产损害的义务。销售者没有将空调排水管通过的墙洞封堵，造成漏水，其未妥善履行合同义务与受损结果有因果关系，对因此遭受的损失负有责任。消费者可以要求销售者赔偿因修复地板、墙面所产生的相关维修费用。

【法律依据】

《消费者权益保护法》第十一条　消费者因购买、使用商品或者接受服务受到人身、财产损害的，享有依法获得赔偿的权利。

28. 在餐馆就餐时，财物被别人偷走，餐馆对此应该承担一定的责任吗？

【解答】

消费者在餐馆就餐时，餐馆的经营者应当对消费者尽到安全保障义务。就被盗而言，首先消费者对自身的财物有安全注意和妥善看管的义务。如果餐馆方面在被盗前对消费者有安全提醒、在被盗中有监控视频记录嫌疑人踪迹、在被盗后有及时报警、配合取证等措施，就应该属于尽到了安全保障义务，可以不用承担责任。

【法律依据】

《消费者权益保护法》第七条　消费者在购买、使用商品和接受服务时享有人身、财产安全不受损害的权利。

消费者有权要求经营者提供的商品和服务，符合保障人身、财产安全的要求。

《消费者权益保护法》第十八条　宾馆、商场、餐馆、银行、机场、车站、港口、影剧院等经营场所的经营者，应当对消费者尽到安全保障义务。

29. 家长在某公司办理婴儿游泳卡，交纳了押金和预付了几十次游泳费用，在消费了几次游泳服务后，某公司已不在原地址经营，游泳卡已不能继续使用，家长应该如何维权？

【解答】

消费者可以以该公司提供的服务不符合合同约定，无法实现合同目的为由，要求与该公司解除合同，并退还押金和余款。该公司未在原地址经营，致使家长购买的游泳卡不能继续使用，合同事实上已无法履行，符合《合同法》第九十四条规定的合同解除情形。可以请求法院解除家长与该公司之间的服务合同，由该公司返还家长游泳卡剩余费用和押金。

【法律依据】

《合同法》第六十条　当事人应当按照约定全面履行自己的义务。

《合同法》第九十四条　有下列情形之一的，当事人可以解除合同：

(4)当事人一方迟延履行债务或者有其他违约行为致使不能实现合同目的；

30. 消费者因听信商家宣传，在商家购买一保健床垫，商家当时宣传该床垫有治病防癌的效果。现消费者能否以商家虚假宣传为由维权？

【解答】

可以，商家的行为构成了商业欺诈，应承担返还货款并支付货款三倍赔偿的责任。

【法律依据】

《消费者权益保护法》第二十条　经营者向消费者提供有关商品或者服务的质量、性能、用途、有效期限等信息，应当真实、全面，不得作虚假或者引人误解的宣传。

《消费者权益保护法》第五十五条　经营者提供商品或者服务有欺诈行为的，应当按照消费者的要求增加赔偿其受到的损失，增加赔偿的金额为消费者购买商品的价款或者接受服务的费用的三倍；增加赔偿的金额不足五百元的，为五百元。

31. 消费者喝了从老中医处购买的药酒，由于药酒中包括苍耳、附子等有毒药材，导致消费者中毒伤亡，该老中医应承担什么责任？

【解答】

消费者应当报警，该药酒制造销售者涉嫌生产、销售假药罪，可以被判处有期徒刑并处罚金。受害者可以提起刑事附带民事诉讼，要求被告人赔偿受害者的各项经济损失。

【法律依据】

《刑法》第一百四十一条【生产、销售假药罪】 生产、销售假药的，处三年以下有期徒刑或者拘役，并处罚金；对人体健康造成严重危害或者有其他严重情节的，处三年以上十年以下有期徒刑，并处罚金；致人死亡或者有其他特别严重情节的，处十年以上有期徒刑、无期徒刑或者死刑，并处罚金或者没收财产。

本条所称假药，是指依照《中华人民共和国药品管理法》的规定属于假药和按假药处理的药品、非药品。

32. 有人宣传有祖传偏方，在家庭作坊中无证生产膏药贴，并通过网上店铺销售，如果该膏药未对患者造成身体上的伤害，是否也构成犯罪？

【解答】

如果从该膏药的成分、制作流程及标明的功效、用法来看，属于需经批准才能生产的中成药，在没有取得国家主管部门颁发《药品生产许可证》《药品经营许可证》情况下就生产销售的，涉嫌生产、销售假药罪。《刑法》第一百四十一条在2011年刑法修正案(八)之后，不再以“足以严重危害人体健康”“对人体健康造成严重危害”“致人死亡或者对人体健康造成特别严重危害”作为生产、销售假药罪的构成要件。所以即使该膏药没有造成人体健康严重危害的后果，也不妨碍认定其构成生产、销售假药罪，只是可以在量刑时考虑该情节。

【法律依据】

《刑法》第一百四十一条【生产、销售假药罪】　生产、销售假药的，处三年以下有期徒刑或者拘役，并处罚金；对人体健康造成严重危害或者有其他严重情节的，处三年以上十年以下有期徒刑，并处罚金；致人死亡或者有其他特别严重情节的，处十年以上有期徒刑、无期徒刑或者死刑，并处罚金或者没收财产。

本条所称假药，是指依照《中华人民共和国药品管理法》的规定属于假药和按假药处理的药品、非药品。

33. 如果有商家为了牟利，故意销售假冒品牌的酒类，如果该假酒质量上并不属于不符合安全标准的伪劣产品，这种情况除了民事、行政责任，还有没有刑事责任？

【解答】

该行为可能构成销售假冒注册商标的商品罪。假冒商品，尤其是食品进入市场流通后，不仅侵害了注册商标所有人的权利和商誉，更直接威胁消费者财产和生命健康的安全。如果商家为实现非法牟利的目的，知假售假，犯罪数额达到较大程度的，其行为具有严重的社会危害性，法院不仅会对其判处有限判刑或拘役约束其人身自由，而且会判处较重的罚金，从经济上剥夺其再犯罪的能力。

【法律依据】

《刑法》第二百一十四条【销售假冒注册商标的商品罪】　销售明知是假冒注册商标的商品，销售金额数额较大的，处三年以下有期徒刑或者拘役，并处或者单处罚金；销售金额数额巨大的，处三年以上七年以下有期徒刑，并处罚金。

34. 蛋鸡养殖场发现蛋鸡得了肠胃炎，就在喂食饲料时添加了禁用兽药乳酸环丙沙星可溶性粉，农业局在其出售的鸡蛋中检测出恩诺沙星和环丙沙星含量，不符合农业部的相关规定，这是否构成了犯罪？

【解答】

养殖人员在食用农产品养殖、销售过程中，使用禁用兽药等禁用物质，其行为已构成生产、销售有毒、有害食品罪，应按生产、销售有毒、有害食品罪定罪处罚。

【法律依据】

《刑法》第一百四十四条【生产、销售有毒、有害食品罪】　在生产、销售的食品中掺入有毒、有害的非食品原料的，或者销售明知掺有有毒、有害的非食品原料的食品的，处五年以下有期徒刑，并处罚金；对人体健康造成严重危害或者有其他严重情节的，处五年以上十年以下有期徒刑，并处罚金；致人死亡或者有其他特别严重情节的，依照本法第一百四十一条的规定处罚。

《最高人民法院、最高人民检察院关于办理危害食品安全刑事案件适用法律若干问题的解释》第九条　在食品加工、销售、运输、贮存等过程中，掺入有毒、有害的非食品原料，或者使用有毒、有害的非食品原料加工食品的，依照刑法第一百四十四条的规定以生产、销售有毒、有害食品罪定罪处罚。

在食用农产品种植、养殖、销售、运输、贮存等过程中，使用禁用农药、兽药等禁用物质或者其他有毒、有害物质的，适用前款的规定定罪处罚。

《最高人民法院、最高人民检察院关于办理危害食品安全刑事案件适用法律若干问题的解释》第二十条　下列物质应当认定为“有毒、有害的非食品原料”：

(3)国务院有关部门公告禁止使用的农药、兽药以及其他有毒、有害物质。

35. 市场上有商贩为了让猪血保鲜，在猪血中掺甲醛并贩卖，构不构成犯罪？

【解答】

甲醛为2011年国家六部委明令禁止在食品中添加的非食用物质，所生产加工的食品有毒有害。不法商贩在生产、销售的食品中掺入有毒、有害的非食品原料，该行为已构成生产、销售有毒、有害食品罪，法院可以依法判处其有期徒刑并处以罚金。

【法律依据】

《刑法》第一百四十四条【生产、销售有毒、有害食品罪】　在生产、销售的食品中掺入有毒、有害的非食品原料的，或者销售明知掺有有毒、有害的非食品原料的食品的，处五年以下有期徒刑，并处罚金；对人体健康造成严重危害或者有其他严重情节的，处五年以上十年以下有期徒刑，并处罚金；致人死亡或者有其他特别严重情节的，依照本法第一百四十一条的规定处罚。

36. 如果有商家为了达到某些效果，在生产的保健食品中非法添加了“西力士”(他达拉非)，并予以销售的，构成什么犯罪?

【解答】

他达拉非是《保健食品中可能非法添加的物质名单》(第一批)中的物质，属于禁止在保健食品中添加的物质，应认定为有毒、有害的非食品原料，在生产的保健食品中非法添加国家禁用药物并予以销售，该行为构成生产、销售有毒、有害食品罪。

【法律依据】

《刑法》第一百四十四条【生产、销售有毒、有害食品罪】 在生产、销售的食品中掺入有毒、有害的非食品原料的，或者销售明知掺有有毒、有害的非食品原料的食品的，处五年以下有期徒刑，并处罚金；对人体健康造成严重危害或者有其他严重情节的，处五年以上十年以下有期徒刑，并处罚金；致人死亡或者有其他特别严重情节的，依照本法第一百四十一条的规定处罚。

《最高人民法院、最高人民检察院关于办理危害食品安全刑事案件适用法律若干问题的解释》第二十条 下列物质应当认定为“有毒、有害的非食品原料”：

(2)国务院有关部门公布的《食品中可能违法添加的非食用物质名单》《保健食品中可能非法添加的物质名单》上的物质。

37. 有的火锅店家在火锅底料中加入罂粟壳，消费者发现后应该怎么办？

【解答】

罂粟壳属于《食品中可能违法添加的非食用物质名单》(第一批)中的物质，消费者可以向食品药品监督管理部门举报或向公安部门报案，对火锅锅底进行检验，如检验出其中含有有毒、有害的非食品原料罂粟碱及那可丁等成分，则商家涉嫌生产、销售有毒、有害食品罪。

【法律依据】

《刑法》第一百四十四条【生产、销售有毒、有害食品罪】　在生产、销售的食品中掺入有毒、有害的非食品原料的，或者销售明知掺有有毒、有害的非食品原料的食品的，处五年以下有期徒刑，并处罚金；对人体健康造成严重危害或者有其他严重情节的，处五年以上十年以下有期徒刑，并处罚金；致人死亡或者有其他特别严重情节的，依照本法第一百四十一条的规定处罚。

《最高人民法院、最高人民检察院关于办理危害食品安全刑事案件适用法律若干问题的解释》第二十条　下列物质应当认定为“有毒、有害的非食品原料”：

(2)国务院有关部门公布的《食品中可能违法添加的非食用物质名单》《保健食品中可能非法添加的物质名单》上的物质。

38. 生产销售有毒有害食品罪的很多被告人被判了缓刑，这样是否能够有效地惩罚、减少犯罪行为？

【解答】

有些生产销售有毒有害食品罪的被告人根据犯罪情节被判了缓刑，但法院还会同时宣告禁止令，禁止其在缓刑考验期限内从事食品生产、销售及相关活动。法院一般还会并处罚金。如果被告人在缓刑期内继续从事食品生产销售活动，情节严重的，法院可以以其严重违反禁止令为由作出裁定，对其撤销缓刑，执行原判刑罚。这样可以有效地威慑和减少危害食品安全犯罪。

【法律依据】

《最高人民法院、最高人民检察院关于办理危害食品安全刑事案件适用法律若干问题的解释》第十八条　对实施本解释规定之犯罪的犯罪分子，应当依照刑法规定的条件严格适用缓刑、免予刑事处罚。根据犯罪事实、情节和悔罪表现，对于符合刑法规定的缓刑适用条件的犯罪分子，可以适用缓刑，但是应当同时宣告禁止令，禁止其在缓刑考验期限内从事食品生产、销售及相关活动。

39. 甲在市场上非法从事生猪屠宰经营，加工销售病死猪肉，应该是犯罪行为。如果乙明知甲经营病死猪肉，仍出租房屋给他作为加工场所，丙明知是病死猪肉仍为他运送，乙、丙两人有没有什么责任？

【解答】

甲使用病死猪肉生产猪肉制品，应当认定为《刑法》第一百四十三条规定的“足以造成严重食物中毒事故或者其他严重食源性疾病”，其行为符合生产、销售不符合安全标准的食品罪的构成要件，应以该罪定罪处罚。乙、丙两人则以该罪的共犯定罪处罚。因为危害食品安全犯罪具有团伙型的特点，各个环节相互配合。惩治危害食品安全犯罪，还要惩治各种帮助行为。乙是加工场所的提供者，丙是运输的提供者，所以两人均应以生产、销售不符合安全标准的食品罪的共犯定罪。

【法律依据】

《最高人民法院、最高人民检察院关于办理危害食品安全刑事案件适用法律若干问题的解释》第一条　生产、销售不符合食品安全标准的食品，具有下列情形之一的，应当认定为刑法第一百四十三条规定的“足以造成严重食物中毒事故或者其他严重食源性疾病”：

（2）属于病死、死因不明或者检验检疫不合格的畜、禽、兽、水产动物及其肉类、肉类制品的。

《最高人民法院、最高人民检察院关于办理危害食品安全刑事案件适用法律若干问题的解释》第十四条　明知他人生产、销售不符合食品安全标准的食品，有毒、有害食品，具有下列情形之一的，以生产、销售不符合安全标准的食品罪或者生产、销售有毒、有害食品罪的共犯论处：

(2)提供生产、经营场所或者运输、贮存、保管、邮寄、网络销售渠道等便利条件的。

《刑法》第一百四十三条【生产、销售不符合安全标准的食品罪】　销售不符合食品安全标准的食品，足以造成严重食物中毒事故或者其他严重食源性疾病的，处三年以下有期徒刑或者拘役，并处罚金；对人体健康造成严重危害或者有其他严重情节的，处三年以上七年以下有期徒刑，并处罚金；后果特别严重的，处七年以上有期徒刑或者无期徒刑，并处罚金或者没收财产。

40. 如果发现某网购平台上有店铺销售假冒知名商标的商品，销量较大，应该怎么办？

【解答】

如果销售量比较大，该网购平台上的店铺已涉嫌销售假冒注册商标的商品罪，可向公安机关报案。如果经调查其库存尚未销售的假冒商标商品价格超过 15 万元，就达到该罪名的立案追诉标准，构成了犯罪。另外与该店铺相关的上下线人员，也可能会涉嫌假冒注册商标、非法制造注册商标标识、销售非法制造的注册商标标识等罪名，应该一起被追究相关的法律责任。

【法律依据】

《刑法》第二百一十四条【销售假冒注册商标的商品罪】　销售明知是假冒注册商标的商品，销售金额数额较大的，处三年以下有期徒刑或者拘役，并处或者单处罚金；销售金额数额巨大的，处三年以上七年以下有期徒刑，并处罚金。

41. 超市举办促销活动，因为人流量过大预防措施不当而造成踩踏事故，有数人受伤，相关人员需要承担刑事责任吗？

【解答】

如果该超市促销活动的组织人员确实有过失，造成死亡一人以上、重伤三人以上或直接经济损失一百万元以上的，构成重大责任事故罪。对相关责任人员，可以处三年以下有期徒刑或者拘役的刑事处罚。

【法律依据】

《刑法》第一百三十四条【重大责任事故罪】　在生产、作业中违反有关安全管理的规定，因而发生重大伤亡事故或者造成其他严重后果的，处三年以下有期徒刑或者拘役；情节特别恶劣的，处三年以上七年以下有期徒刑。

《最高人民法院、最高人民检察院关于办理危害生产安全刑事案件适用法律若干问题的解释》第六条　实施刑法第一百三十二条、第一百三十四条第一款、第一百三十五条、第一百三十五条之一、第一百三十六条、第一百三十九条规定的行为，因而发生安全事故，具有下列情形之一的，应当认定为“造成严重后果”

或者“发生重大伤亡事故或者造成其他严重后果”，对相关责任人员，处三年以下有期徒刑或者拘役：

(1)造成死亡一人以上，或者重伤三人以上的；

(2)造成直接经济损失一百万元以上的；

(3)其他造成严重后果或者重大安全事故的情形。

42. 如果发现有水果经销商将其他地方产的苹果装进有“阿克苏苹果”字样的纸箱进行销售，行政机关应该怎么处罚这种行为？

【解答】

水果经销商出售伪造产地的水果，构成虚假宣传，除了相应的民事责任，当地的市场监管部门还可以依据《消费者权益保护法》和《反不正当竞争法》，给予其相应的行政处罚。

【法律依据】

《消费者权益保护法》第五十六条　经营者有下列情形之一，除承担相应的民事责任外，其他有关法律、法规对处罚机关和处罚方式有规定的，依照法律、法规的规定执行；法律、法规未做规定的，由工商行政管理部门或者其他有关行政部门责令改正，可以根据情节单处或者并处警告、没收违法所得、处以违法所得一倍以上十倍以下的罚款，没有违法所得的，处以五十万元以下的罚款；情节严重的，责令停业整顿、吊销营业执照：

(4)伪造商品的产地，伪造或者冒用他人的厂名、厂址，篡改生产日期，伪造或者冒用认证标志等质量标志的。

《反不正当竞争法》第八条　经营者不得对其商品的性能、功能、质量、销售状况、用户评价、曾获荣誉等作虚假或者引人误解的商业宣传，欺骗、误导消费者。

《反不正当竞争法》第二十条 经营者违反本法第八条规定对其商品作虚假或者引人误解的商业宣传，或者通过组织虚假交易等方式帮助其他经营者进行虚假或者引人误解的商业宣传的，由监督检查部门责令停止违法行为，处二十万元以上一百万元以下的罚款；情节严重的，处一百万元以上二百万元以下的罚款，可以吊销营业执照。

43. 某面包房生产销售的某款奶酪吐司面包经检测，糖精钠实测值为0.062g/kg，是否符合国家标准？该批次面包销售金额几百元，该面包房除了民事责任，还需要承担行政责任和刑事责任吗？

【解答】

根据《食品安全国家标准 食品添加剂使用标准》(GB 2760-2014)的规定，糖精钠为食品添加剂，功能是甜味剂、增味剂，使用范围不包括糕点、面包类食品。其行为违反了《食品安全法》第三十四条第(四)项规定，属于超范围使用食品添加剂的食品。由于销售金额很少，当地市场监督管理局可根据《食品安全法》第一百二十四条第一款第(三)项规定，决定没收违法所得并处以五万元以上十万元以下罚款。所以面包房除了民事责任，还可能承担行政责任。至于刑事责任，对应的罪名是《刑法》第一百四十三条规定的生产、销售不符合安全标准的食品罪。对于超限量或者超范围滥用食品添加剂的行为，要达到足以造成严重食物中毒事故或者其他严重食源性疾病的程度才会立案追诉。根据本案的生产、销售金额和添加剂含量，面包房应不构成犯罪，不需要承担刑事责任。

【法律依据】

《食品安全法》第三十四条 禁止生产经营下列食品、食品添加剂、食品相关产品：

(4)超范围、超限量使用食品添加剂的食品。

《食品安全法》第一百二十四条 违反本法规定，有下列情形之一，尚不构成犯罪的，由县级以上人民政府食品药品监督管理部门没收违法所得和违法生产经营的食品、食品添加剂，并可以没收用于违法生产经营的工具、设备、原料等物品；违法生产经营的食品、食品添加剂货值金额不足一万元的，并处五万元以上十万元以下罚款；货值金额一万元以上的，并处货值金额十倍以上二十倍以下罚款；情节严重的，吊销许可证：

(3)生产经营超范围、超限量使用食品添加剂的食品。

《刑法》第一百四十三条【生产、销售不符合安全标准的食品罪】 生产、销售不符合食品安全标准的食品，足以造成严重食物中毒事故或者其他严重食源性疾病的，处三年以下有期徒刑或者拘役，并处罚金；对人体健康造成严重危害或者有其他严重情节的，处三年以上七年以下有期徒刑，并处罚金；后果特别严重的，处七年以上有期徒刑或者无期徒刑，并处罚金或者没收财产。

《最高人民法院、最高人民检察院关于办理危害食品安全刑事案件适用法律若干问题的解释》第八条 在食品加工、销售、运输、贮存等过程中，违反食品安全标准，超限量或者超范围滥用食品添加剂，足以造成严重食物中毒事故或者其他严重食源性疾病的，依照刑法第一百四十三条的规定以生产、销售不符合安全标准的食品罪定罪处罚。

44. 有些商家出售的食品中，会添加某些中药材，请问这样做法律上有没有问题？

【解答】

食品中添加的中药材，如果属于卫生部公布的《既是食品又是药品的物品名单》，是可以的。如果添加的是单纯属于中药材的物质，作为单纯药品，应适用于有专门疾病的特定人群，被普通消费者食用后，显然具有危害消费者身体健康的潜在危险，因此该食品可认定为不符合食品安全标准的食品，消费者可以起诉生产、经营者要求退还货款和十倍价款的赔偿金。如果不是普通食品而是保健食品，则所用原料要参考《保健食品原料目录》和《可用于保健食品的物品名单》。

【法律依据】

《食品安全法》第三十八条　生产经营的食品中不得添加药品，但是可以添加按照传统既是食品又是中药材的物质。按照传统既是食品又是中药材的物质目录由国务院卫生行政部门会同国务院食品药品监督管理部门制定、公布。

《食品安全法》第一百四十八条　生产不符合食品安全标准的食品或者经营明知是不符合食品安全标准的食品，消费者除要求赔偿损失外，还可以向生产者或者经营者要求支付价款十倍或者损失三倍的赔偿金；增加赔偿的金额不足一千元的，为一千元。但是，食品的标签、说明书存在不影响食品安全且不会对消费者

造成误导的瑕疵的除外。

45. 在某超市购买了某食品，配料标明有“鱼肝油”。该产品将鱼肝油用于普通食品是否违反了我国食品安全的相关规定？

【解答】

国卫办食品函〔2014〕297号《国家卫生计生委办公厅关于鱼肝油相关问题的复函》中指出：鱼肝油是列入《中华人民共和国药典》的物品，在我国无传统食用习惯，不属于普通食品。因此不属于按照传统既是食品又是中药材的物质，故不能作为普通食品的原料使用。该产品是普通食品，使用鱼肝油作为原料，不符合食品安全标准。该超市在进货时未尽到严格审查义务，销售不符合食品安全标准的食品，应当承担退还货款并支付十倍赔偿金的民事责任。

【法律依据】

《食品安全法》第三十八条　生产经营的食品中不得添加药品，但是可以添加按照传统既是食品又是中药材的物质。按照传统既是食品又是中药材的物质目录由国务院卫生行政部门会同国务院食品药品监督管理部门制定、公布。

《食品安全法》第一百四十八条　生产不符合食品安全标准的食品或者经营明知是不符合食品安全标准的食品，消费者除要求赔偿损失外，还可以向生产者或者经营者要求支付价款十倍或者损失三倍的赔偿金；增加赔偿的金额不足一千元的，为一千元。但是，食品的标签、说明书存在不影响食品安全且不会对消费者

造成误导的瑕疵的除外。

46. 有的酒里加入了冬虫夏草，这种冬虫夏草酒符合食品安全标准吗？

【解答】

不符合。冬虫夏草首先不属于《既是食品又是药品的物品名单》，其次卫计委公告明确冬虫夏草不是普通食品，而且被收录在《中国药典》中。2010年国家质检总局食品生产监管司在《关于冬虫夏草不得作为普通食品原料的通知》中明确指出：各省级质量技术监督部门要进一步加强对食品生产企业的监管，督促企业严把原料入厂查验关口，严禁使用冬虫夏草作为食品原料生产普通食品。因此在酒中不能随便添加冬虫夏草，消费者购买的可以要求退货并十倍价款的惩罚性赔偿。

【法律依据】

《食品安全法》第三十八条 生产经营的食品中不得添加药品，但是可以添加按照传统既是食品又是中药材的物质。按照传统既是食品又是中药材的物质目录由国务院卫生行政部门会同国务院食品药品监督管理部门制定、公布。

《食品安全法》第一百四十八条 生产不符合食品安全标准的食品或者经营明知是不符合食品安全标准的食品，消费者除要求赔偿损失外，还可以向生产者或者经营者要求支付价款十倍或者损失三倍的赔偿金；增加赔偿的金额不足一千元的，为一千元。但是，食品的标签、说明书存在不影响食品安全且不会对消费者造成误导的瑕疵的除外。

47. 电影院在放映电影之前总要先放好几分钟的广告，这是否构成强制消费或对消费者的欺诈？

【解答】

如果票价里不包括广告的费用，此举应不构成强制交易，也不属于经营欺诈行为。如果广告是在电影原定的放映时间之前播放，目前没有相关规定禁止。如果广告占用了电影正式放映时间，则是相关行政管理规定所明确禁止的。另一方面，观众购买电影票观看电影，双方形成合同关系。如果因为放映广告造成电影原定的放映时间推迟，电影院构成了违约，应承担相应的责任。观众可以要求电影院赔礼道歉，如果没看电影还可以要求退票，或者向工商、广电行政部门进行投诉。另外按规定电影院应对放映的影片贴片广告时间予以公告。

【法律依据】

《国家广播电影电视总局、国家工商行政管理总局关于加强影片贴片广告管理的通知》(广发影字[2004]700号)

(1)影片贴片广告一律加在《电影片公映许可证》画面之前，不得占用电影放映时间。

(2)电影院线公司、发行公司要规范操作贴片广告业务，电影院要对放映的影片贴片广告时间予以公告。

《国家新闻出版广电总局电影局关于进一步规范电影贴片广告和映前广告管理的通知》([2009]影字79号)

(2)贴片广告、映前广告一律加在《电影片公映许可证》前，并在电影票面上标注的放映时间前放映。不得在电影放映中播放广告。

48. 消费者在超市购物时，和某商家派驻该超市的促销员相撞受伤，应该由谁承担赔偿责任?

【解答】

消费者可以将商家和超市一同起诉到法院。法院首先会根据相撞双方的过错程度判断双方应分别承担的责任比例。因为对于促销员违反工作规定的行为，超市是依据其与商家之间的合同追究商家的违约责任，并非对促销员个人进行处罚。所以超市与商家之间是促销合作关系，并非劳务派遣关系。法院可能会判令由商家赔偿消费者的损失，而超市对该赔偿义务承担补充赔偿责任。

【法律依据】

《最高人民法院关于审理人身损害赔偿案件适用法律若干问题的解释》第六条　从事住宿、餐饮、娱乐等经营活动或者其他社会活动的自然人、法人、其他组织，未尽合理限度范围内的安全保障义务致使他人遭受人身损害，赔偿权利人请求其承担相应赔偿责任的，人民法院应予支持。

因第三人侵权导致损害结果发生的，由实施侵权行为的第三人承担赔偿责任。安全保障义务人有过错的，应当在其能够防止或者制止损害的范围内承担相应的补充赔偿责任。安全保障义务人承担责任后，可以向第三人追偿。赔偿权利人起诉安全保障义务人的，应当将第三人作为共同被告，但第三人不能确定的除外。

49. 在宠物店购买的宠物，回家后不久死亡，能否要求宠物店承担赔偿责任？

【解答】

要看具体情况。首先要看交付的宠物是否符合健康要求。对于宠物买卖现在尚无国家标准和行业标准。按照惯例，宠物店应向消费者交付符合健康要求的宠物，可以查看宠物店是否有该宠物的动物检疫合格证明。其次作为买卖合同，宠物店履行了交付义务后，宠物死亡的风险则由消费者一方承担。消费者认为宠物店出售的宠物患有疾病，并由该疾病导致死亡，应承担举证责任。如果消费者买回宠物后没有进行检验，则认为宠物有疾病的主张因为没有证据证明可能不会被法院支持。消费者要避免这类风险，除了购买后及时进行检验外，还可以在购买时在合同中约定一个存活期，在该存活期以内宠物因病死亡的，宠物店要承诺退还相应购买款项。

【法律依据】

《合同法》第一百四十二条　标的物毁损、灭失的风险，在标的物交付之前由出卖人承担，交付之后由买受人承担，但法律另有规定或者当事人另有约定的除外。

50. 去餐馆吃饭，当时餐馆做活动可以打折。但去结账时餐馆说因为有打折优惠所以不能开发票，这种做法合法吗？

【解答】

不合法。这种做法不仅违反了消法，也违反了税收、发票方面的管理规定。消费者可以向税务部门投诉，应当开具而未开具发票的税务机关可以对其作出责令改正和罚款的处罚。

【法律依据】

《消费者权益保护法》第二十二条 经营者提供商品或者服务，应当按照国家有关规定或者商业惯例向消费者出具发票等购货凭证或者服务单据；消费者索要发票等购货凭证或者服务单据的，经营者必须出具。

51. 目前我国除了汽车可以召回，还有哪些缺陷产品召回制度？

【解答】

除了汽车的召回制度，我国目前还有2007年7月24日起施行的《儿童玩具召回管理规定》、2007年7月24日起施行的《食品召回管理规定》、2007年12月6日起施行的《药品召回管理办法》、2016年1月1日起施行的《缺陷消费品召回管理办法》、2017年5月1日起施行的《医疗器械召回管理办法》。现行的汽车召回相关规定是自2013年1月1日起施行的《缺陷汽车产品召回管理条例》和自2016年1月1日起施行的《缺陷汽车产品召回管理条例实施办法》。所以我国现在的召回制度覆盖了所有的消费品和药品器械。

【法律依据】

《儿童玩具召回管理规定》第二条 在中华人民共和国境内生产、销售的儿童玩具的召回及其监督管理，适用本规定。

《儿童玩具召回管理规定》第三条　本规定所称儿童玩具，是指设计或预定供14岁以下儿童玩耍，经过加工制作并用于销售的产品；但生产者明示不供儿童玩耍的除外。

本规定所称缺陷，是指因设计、生产、指示等方面的原因使某一批次、型号或类别的儿童玩具中普遍存在的具有同一性的、危及儿童健康和安全的不合理危险。

本规定所称召回，是指按照规定程序和要求，对存在缺陷的儿童玩具，由生产者或者由其组织销售者通过补充或修正消费说明、退货、换货、修理等方式，有效预防和消除缺陷可能导致的损害的活动。

《食品召回管理规定》第二条　在中华人民共和国境内生产、销售的食品的召回及其监督管理活动，应当遵守本规定。

《食品召回管理规定》第三条　本规定所称不安全食品，是指有证据证明对人体健康已经或可能造成危害的食品，包括：

(1)已经诱发食品污染、食源性疾病或对人体健康造成危害甚至死亡的食品；

(2)可能引发食品污染、食源性疾病或对人体健康造成危害的食品；

(3)含有对特定人群可能引发健康危害的成分而在食品标签和说明书上未予以标识，或标识不全、不明确的食品；

(4)有关法律、法规规定的其他不安全食品。

《药品召回管理办法》第二条　在中华人民共和国境内销售的药品的召回及其监督管理，适用本办法。

《药品召回管理办法》第三条　本办法所称药品召回，是指药品生产企业(包括进口药品的境外制药厂商，下同)按照规定的程序收回已上市销售的存在安全隐患的药品。

《缺陷消费品召回管理办法》第三条 本办法所称消费品，是指消费者为生活消费需要购买、使用的产品。

本办法所称缺陷，是指由于设计、制造、警示标识等原因导致的在同一批次、型号或者类别的消费品中普遍存在的不符合国家标准、行业标准中保障人身、财产安全要求的情形或者其他危及人身、财产安全的不合理的危险。

本办法所称召回，是指消费品生产者对存在缺陷的消费品采取措施消除缺陷或降低、消除安全风险的活动。

本办法所称生产者，是指在中国境内依法设立的生产消费品并以其名义颁发产品合格证明的企业。从中国境外进口消费品到中国境内销售的企业或境外企业在中国境内设立的授权机构视为本办法规定的生产者。

《医疗器械召回管理办法》第二条 中华人民共和国境内已上市医疗器械的召回及其监督管理，适用本办法。

《医疗器械召回管理办法》第三条 本办法所称医疗器械召回，是指医疗器械生产企业按照规定的程序对其已上市销售的某一类别、型号或者批次的存在缺陷的医疗器械产品，采取警示、检查、修理、重新标签、修改并完善说明书、软件更新、替换、收回、销毁等方式进行处理的行为。

前款所述医疗器械生产企业，是指境内医疗器械产品注册人或者备案人、进口医疗器械的境外制造厂商在中国境内指定的代理人。

52. 召回制度对消费者保护能起到什么作用？

【解答】

缺陷产品召回制度是一项国际通行的产品安全监管制度，是转变政府职能、加强事中事后监管、维护消费品安全的重要工作。通过缺陷调查和行政约谈等手段的运用，召回制度不仅督促了企业履行产品质量责任义务，使有安全隐患的同一批次、型号的产品远离了消费者，还对相关产品质量和标准水平的提升起到了积极的推动作用。召回分主动召回和责令召回，生产厂商决定召回产品的，一般会在官网、门店告示或以电话、短信等方式进行通知。消费者可登录厂家官网和国家质检总局缺陷产品管理中心网站(www. dpac. gov. cn)了解召回详细信息。也可拨打国家质检总局缺陷产品管理中心热线电话：010-59799616 反映召回活动实施过程中的问题或提交缺陷线索。

【法律依据】

《儿童玩具召回管理规定》第二十七条　确认儿童玩具存在缺陷，生产者应当主动召回但未召回的，或者经确认国家监督抽查中发现生产者生产的儿童玩具存在安全隐患，可能对人体健康和生命安全造成损害的，国家质检总局应当向生产者发出责令召回通知或公告，并通知所在地的省级质量技术监督部门，依法采取相应措施。

《食品召回管理规定》第二十五条　经确认有下列情况之一的，国家质检总局应当责令食品生产者召回不安全食品，并可以发布有关食品安全信息和消费警示信息，或采取其他避免危害发生的措施：

(1)食品生产者故意隐瞒食品安全危害，或者食品生产者应当主动召回而不采取召回行动的；

(2)由于食品生产者的过错造成食品安全危害扩大或再度发生的；

(3)国家监督抽查中发现食品生产者生产的食品存在安全隐患，可能对人体健康和生命安全造成损害的。

食品生产者在接到责令召回通知书后，应当立即停止生产和销售不安全食品。

《药品召回管理办法》第二十五条　药品监督管理部门经过调查评估，认为存在本办法第四条所称的安全隐患，药品生产企业应当召回药品而未主动召回的，应当责令药品生产企业召回药品。

必要时，药品监督管理部门可以要求药品生产企业、经营企业和使用单位立即停止销售和使用该药品。

《医疗器械召回管理办法》第二十四条　食品药品监督管理部门经过调查评估，认为医疗器械生产企业应当召回存在缺陷的医疗器械产品而未主动召回的，应当责令医疗器械生产企业召回医疗器械。

责令召回的决定可以由医疗器械生产企业所在地省、自治区、直辖市食品药品监督管理部门作出，也可以由批准该医疗器械注册或者办理备案的食品药品监督管理部门作出。作出该决定的食品药品监督管理部门，应当在其网站向社会公布责令召回信息。

医疗器械生产企业应当按照食品药品监督管理部门的要求进行召回，并按本办法第十四条第二款的规定向社会公布产品召回信息。

必要时，食品药品监督管理部门可以要求医疗器械生产企业、经营企业和使用单位立即暂停生产、销售和使用，并告知使用者立即暂停使用该缺陷产品。

《缺陷汽车产品召回管理条例》第八条　对缺陷汽车产品，生产者应当依照本条例全部召回；生产者未实施召回的，国务院产品质量监督部门应当依照本条例责令其召回。

本条例所称生产者，是指在中国境内依法设立的生产汽车产品并以其名义颁发产品合格证的企业。

从中国境外进口汽车产品到境内销售的企业，视为前款所称的生产者。

53. 在宾馆住宿时，如果客人有贵重物品需要宾馆保管，宾馆可以收费进行保管吗？

【解答】

酒店应该免费保管，保管时要求客人填写贵重物品寄存单，办理有关手续。

【法律依据】

《中国旅游饭店行业规范》(中国旅游饭店业协会2009年8月修订版)第十七条　饭店应当在前厅处设置有双锁的客人贵重物品保险箱。贵重物品保险箱的位置应当安全、方便、隐蔽，能够保护客人的隐私。饭店应当按照规定的时限，免费提供住店客人贵重物品的保管服务。

《中国旅游饭店行业规范》(中国旅游饭店业协会2009年8月

修订版）第十八条　饭店应当对住店客人贵重物品的保管服务做出书面规定，并在客人办理入住登记时予以提示。违反第十七条和本条规定，造成客人贵重物品灭失的，饭店应当承担赔偿责任。

《中国旅游饭店行业规范》（中国旅游饭店业协会2009年8月修订版）第十九条　客人寄存贵重物品时，饭店应当要求客人填写贵重物品寄存单，并办理有关手续。

54. 入住宾馆时，客人在前台寄存物品时没有声明里面有贵重物品，事后能否以贵重物品丢失为由要求宾馆赔偿？

【解答】

如果前台人员询问客人寄存物品中有无贵重物品时，客人没有声明有贵重物品的，即使寄存物品灭失毁损的责任在宾馆，宾馆也只按照一般物品予以赔偿。

【法律依据】

《中国旅游饭店行业规范》（中国旅游饭店业协会2009年8月修订版）第二十三条　饭店保管客人寄存在前厅行李寄存处的行李物品时，应当检查其包装是否完好、安全，询问有无违禁物品，并经双方当面确认后，给客人签发行李寄存牌。

《中国旅游饭店行业规范》（中国旅游饭店业协会2009年8月修订版）第二十四条　客人在餐饮、康乐、前厅行李寄存处等场所寄存物品时，饭店应当当面询问客人寄存物品中有无贵重物品。客人寄存的物品中如有贵重物品的，应当向饭店声明，由饭店员工验收并交饭店贵重物品保管处免费保管；客人事先未声明或不同意核实而造成物品灭失、毁损的，如果责任在饭店一方，饭店按照一般物品予以赔偿；客人对寄存物品没有提出需要采取特殊保管措施的，因为物品自身的原因造成毁损或损耗的，饭店不承担赔偿责任；由于客人没有事先说明寄存物品的情况，造成饭店损失的，除饭店知道或者应当知道而没有采取补救措施的以外，饭店可以要求客人承担相应的赔偿责任。

55. 客人入住宾馆如何计算入住天数，有没有具体规定？

【解答】

现在大多数宾馆按照超过中午十二点为多住了一天计算，但也有宾馆计算方式不同。现行的中午十二点前退房的“行规”和国际上的做法以及之前国务院关于外宾的规定有关。在《中国旅游饭店行业规范》2009 年修订后，目前国内没有关于十二点前退房的明确规定，因此各宾馆可以根据情况选择自己的结算方法。但不管宾馆如何计算入住时间和天数，都应将结算方法在前台明示或在接待时明确告知入住客人。

【法律依据】

《中国旅游饭店行业规范》(中国旅游饭店业协会 2009 年 8 月修订版) 第十条　饭店应在前厅显著位置明示客房价格和住宿时间结算方法，或者确认已将上述信息用适当方式告知客人。

56. 关于消费者经常听说的三包政策，具体是指什么？

【解答】

三包是零售商业企业对所售商品实行“包修、包换、包退”的简称。对于规定需要实行三包的产品，自售出之日起七日内，发生性能故障，消费者可以选择退货、换货或修理。产品自售出之日起十五日内，发生性能故障，消费者可选择换货或者修理。

【法律依据】

《部分商品修理更换退货责任规定》第九条　产品自售出之日起7日内，发生性能故障，消费者可以选择退货、换货或修理。退货时，销售者应当按发票价格一次退清货款，然后依法向生产者、供货者追偿或者按购销合同办理。

《部分商品修理更换退货责任规定》第十条　产品自售出之日起15日内，发生性能故障，消费者可选择换货或者修理。换货时，销售者应当免费为消费者调换同型号同规格的产品，然后依法向生产者、供货者追偿或者按购销合同办理。

《部分商品修理更换退货责任规定》第十一条　在三包有效期内，修理两次，仍不能正常使用的产品，凭修理者提供的修理记录和证明，由销售者负责为消费者免费调换同型号同规格的产品或者按本规定第十三条的规定退货，然后依法向生产者、供货者追偿或者按购销合同办理。

57. 按照规定必须实施三包的有哪些商品？

【解答】

按照规定必须实施三包的商品有：自行车、彩色电视机、黑白电视机、家用录像机、摄像机、收录机、电子琴、家用电冰箱、洗衣机、电风扇、微波炉、吸尘器、家用空调器、吸排油烟机、燃气热水器、缝纫机、钟表、摩托车、移动电话、固定电话、微型计算机、家用视听商品、平板电视机等。不能保证实施三包规定的则不得销售以上所列产品。

【法律依据】

《部分商品修理更换退货责任规定》第二条　本规定所称部分商品，系指《实施三包的部分商品目录》(以下简称目录)中所列产品。

目录由国务院产品质量监督管理部门会同商业主管部门、工业主管部门共同制定和调整，由国务院产品质量监督管理部门发布。

《部分商品修理更换退货责任规定》第三条　列入目录的产品实行谁经销谁负责三包的原则。销售者与生产者、销售者与供货者、销售者与修理者之间订立的合同，不得免除本规定的三包责任和义务。

《部分商品修理更换退货责任规定》第四条　目录中规定的指标是履行三包规定的最基本要求。国家鼓励销售者和生产者制定严于本规定的三包实施细则。

本规定不免除未列入目录产品的三包责任和销售者、生产者向消费者承诺的高于列入目录产品三包的责任。

58. 有哪些情况下，销售者不用对三包商品承担三包义务？

【解答】

由于消费者使用、维护、保管不当造成损坏的；由于三包凭证指定的修理者之外的其他单位和个人拆动造成损坏的；无三包凭证及有效发票的；三包凭证载明的产品型号与修理产品型号不符或者凭证被涂改的；因自然灾害、地震、火灾等造成损坏的，不实行三包。

【法律依据】

《部分商品修理更换退货责任规定》第十七条　属下列情况之一者，不实行三包，但是可以实行收费修理：

(1) 消费者因使用、维护、保管不当造成损坏的；

(2) 非承担三包修理者拆动造成损坏的；

(3) 无三包凭证及有效发票的；

(4) 三包凭证型号与修理产品型号不符或者涂改的；

(5) 因不可抗拒力造成损坏的。

59. 除了三包目录中的商品，还有其他商品也可以三包吗？

【解答】

家用汽车也有专门的三包规定。家用汽车产品三包有效期限不低于二年或者行驶里程五万公里，以先到者为准。在三包有效期限内汽车出现规定的质量问题，消费者可以选择更换或退货。包修期限不低于三年或者行驶里程六万公里，以先到者为准。包修期限内汽车出现质量问题，由修理者免费修理。

【法律依据】

《家用汽车产品修理、更换、退货责任规定》**第二条** 在中华人民共和国境内生产、销售的家用汽车产品的三包，适用本规定。

《家用汽车产品修理、更换、退货责任规定》**第十七条** 家用汽车产品包修期限不低于三年或者行驶里程六万公里，以先到者为准；家用汽车产品三包有效期限不低于二年或者行驶里程五万公里，以先到者为准。家用汽车产品包修期和三包有效期自销售者开具购车发票之日起计算。

《家用汽车产品修理、更换、退货责任规定》**第十八条** 在家用汽车产品包修期内，家用汽车产品出现产品质量问题，消费者凭三包凭证由修理者免费修理（包括工时费和材料费）。

家用汽车产品自销售者开具购车发票之日起六十日内或者行驶里程三千公里之内（以先到者为准），发动机、变速器的主要零件出现产品质量问题的，消费者可以选择免费更换发动机、变速器。发动机、变速器的主要零件的种类范围由生产者明示在三包凭证上，其种类范围应当符合国家相关标准或规定，具体要求由国家质检总局另行规定。

家用汽车产品的易损耗零部件在其质量保证期内出现产品质量问题的，消费者可以选择免费更换易损耗零部件。易损耗零部件的种类范围及其质量保证期由生产者明示在三包凭证上。生产者明示的易损耗零部件的种类范围应当符合国家相关标准或规定，具体要求由国家质检总局另行规定。

《家用汽车产品修理、更换、退货责任规定》第二十条　在家用汽车产品三包有效期内，符合本规定更换、退货条件的，消费者凭三包凭证、购车发票等由销售者更换、退货。

家用汽车产品自销售者开具购车发票之日起六十日内或者行驶里程三千公里之内(以先到者为准)，家用汽车产品出现转向系统失效、制动系统失效、车身开裂或燃油泄漏，消费者选择更换家用汽车产品或退货的，销售者应当负责免费更换或退货。

在家用汽车产品三包有效期内，发生下列情况之一，消费者选择更换或退货的，销售者应当负责更换或退货：

(1)因严重安全性能故障累计进行了二次修理，严重安全性能故障仍未排除或者又出现新的严重安全性能故障的；

(2)发动机、变速器累计更换二次后，或者发动机、变速器的同一主要零件因其质量问题，累计更换二次后，仍不能正常使用的，发动机、变速器与其主要零件更换次数不重复计算；

(3)转向系统、制动系统、悬架系统、前/后桥、车身的同一主要零件因其质量问题，累计更换二次后，仍不能正常使用的；

转向系统、制动系统、悬架系统、前/后桥、车身的主要零件由生产者明示在三包凭证上，其种类范围应当符合国家相关标准或规定，具体要求由国家质检总局另行规定。

60. 网络购物在退货方面有什么特别的规定？

【解答】

《消费者权益保护法》第二十五条有关于远程购物方式的七日

内无理由退货规定，消费者退货时无须说明理由。该反悔权仅适用于网络、电视等远程购物方式，但是根据商品性质不宜退货的商品不适用该规定。

【法律依据】

《消费者权益保护法》第二十五条　经营者采用网络、电视、电话、邮购等方式销售商品，消费者有权自收到商品之日起七日内退货，且无须说明理由，但下列商品除外：

(1)消费者定作的；

(2)鲜活易腐的；

(3)在线下载或者消费者拆封的音像制品、计算机软件等数字化商品；

(4)交付的报纸、期刊。

除前款所列商品外，其他根据商品性质并经消费者在购买时确认不宜退货的商品，不适用无理由退货。

消费者退货的商品应当完好。经营者应当自收到退回商品之日起七日内返还消费者支付的商品价款。退回商品的运费由消费者承担；经营者和消费者另有约定的，按照约定。

61. 如果在某网上交易平台上买了一件品牌商品，收到后发现是假货，卖家又不同意退货，想起诉卖家，需不需要一并起诉该网上交易平台?

【解答】

消费者就其网络购物纠纷，可向网络交易平台提供者提出赔偿要求的，主要有三种情况：网络交易平台提供者不能提供销售者或者服务者的真实名称、地址和有效联系方式的；网络交易平台提供者作出更有利于消费者的承诺的；网络交易平台提供者明知或者应知销售者或者服务者利用其平台侵害消费者合法权益，未采取必要措施的。消费者如果认为网络交易平台有责任，可以一并起诉，要求平台提供者承担相应赔偿责任，具体结果由法院进行审理。

【法律依据】

《消费者权益保护法》第四十四条　消费者通过网络交易平台购买商品或者接受服务，其合法权益受到损害的，可以向销售者或者服务者要求赔偿。网络交易平台提供者不能提供销售者或者服务者的真实名称、地址和有效联系方式的，消费者也可以向网络交易平台提供者要求赔偿；网络交易平台提供者作出更有利于消费者的承诺的，应当履行承诺。网络交易平台提供者赔偿后，有权向销售者或者服务者追偿。

网络交易平台提供者明知或者应知销售者或者服务者利用其平台侵害消费者合法权益，未采取必要措施的，依法与该销售者或者服务者承担连带责任。

62. 消费者在网上平台的某商家购买了散装的可定制重量葡萄干，收到货后发现包装上没有生产许可证、营养成分表、配料表等标示，是否违反了相关规定，可以向商家要求惩罚性赔偿吗？

【解答】

如果商家在页面上明确葡萄干为散装，并告知可以定制重量并称重装袋，该商品不符合《预包装食品标签通则》中定量包装的规定，因此不属于《预包装食品标签通则》约束的预包装食品。而对于散装食品的标签要求，根据《食品安全法》的规定，只需要标明食品的名称、生产日期或者生产批号、保质期以及生产经营者名称、地址、联系方式等内容即可，因此该商品不属于不符合食品安全标准的食品，不能要求惩罚性赔偿。

【法律依据】

《食品安全法》第六十八条　食品经营者销售散装食品，应当在散装食品的容器、外包装上标明食品的名称、生产日期或者生产批号、保质期以及生产经营者名称、地址、联系方式等内容。

《食品安全法》第一百五十条　本法下列用语的含义：

预包装食品，指预先定量包装或者制作在包装材料、容器中的食品。

《食品安全国家标准 预包装食品标签通则》(GB7718—2011)

2.1 预包装食品

预先定量包装或者制作在包装材料和容器中的食品，包括预先定量包装以及预先定量制作在包装材料和容器中并且在一定量限范围内具有统一的质量或体积标识的食品。

63. 现代的食品生产中，经常要添加一些营养强化剂和食品添加剂，对于消费者来说，如何确认这些添加剂符合安全标准？

【解答】

对于营养强化剂和食品添加剂，按照法律规定，国家卫计委和食品药品监管总局会制定相应的食品安全国家标准，消费者可以上网查询相关的如《食品安全国家标准 食品营养强化剂使用标准》(GB 14880-2012)、《食品安全国家标准 食品添加剂使用标准》(GB 2760-2014)等及相应的公告，添加的营养强化剂和添加剂只有符合规定才是符合食品安全标准的食品。

【法律依据】

《食品安全法》第二十五条　食品安全标准是强制执行的标准。除食品安全标准外，不得制定其他食品强制性标准。

《食品安全法》第二十七条　食品安全国家标准由国务院卫生行政部门会同国务院食品药品监督管理部门制定、公布，国务院标准化行政部门提供国家标准编号。

《食品安全国家标准管理办法》第三条　卫生部负责食品安全国家标准制(修)订工作。

卫生部组织成立食品安全国家标准审评委员会(以下简称审评委员会)，负责审查食品安全国家标准草案，对食品安全国家标准工作提供咨询意见。审评委员会设专业分委员会和秘书处。

第三十三条　食品安全国家标准自发布之日起20个工作日内在卫生部网站上公布，供公众免费查阅。

64. 对在超市买的包装食品，相关法规有没有规定食品外包装上必须标明含有哪些营养成分？

【解答】

对于不属于豁免强制标示的一般预包装食品的营养标签，包括营养成分表、营养声称和营养成分功能声称。营养标签强制标示的内容包括能量、核心营养素(蛋白质、脂肪、碳水化合物和钠)的含量值及其占营养素参考值(NRV)的百分比，使用了营养强化剂的在营养成分表中还应标示强化后食品中该营养成分的含量值及其占营养素参考值(NRV)的百分比，含有或生产过程中使用了氢化和(或)部分氢化油脂时，在营养成分表中还应标示出反式脂肪(酸)的含量。另外，转基因食品应显著标示。不按规定标示的，侵犯了消费者的知情权。

【法律依据】

《预包装食品营养标签通则》(GB28050-2011)

4　强制标示内容

4.1　所有预包装食品营养标签强制标示的内容包括能量、核心营养素的含量值及其占营养素参考值(NRV)的百分比。当标示其他成分时，应采取适当形式使能量和核心营养素的标示更加醒目。

4.2　对除能量和核心营养素外的其他营养成分进行营养声称或营养成分功能声称时，在营养成分表中还应标示出该营养成分的含量及其占营养素参考值(NRV)的百分比。

4.3　使用了营养强化剂的预包装食品，除4.1的要求外，在营养成分表中还应标示强化后食品中该营养成分的含量值及其占营养素参考值(NRV)的百分比。

4.4　食品配料含有或生产过程中使用了氢化和(或)部分氢化油脂时，在营养成分表中还应标示出反式脂肪(酸)的含量。

4.5　上述未规定营养素参考值(NRV)的营养成分仅需标示含量。

《食品安全法》第六十九条　生产经营转基因食品应当按照规

定显著标示。

65. 消费者在网上的网店购买进口食品，但该进口食品包装上只有外文标签，没有中文标签，是否符合法律规定？是否适用惩罚性赔偿规定？

【解答】

不符合法律规定。外包装上没有中文标签和附随检验检疫合格标志的进口食品，违反了我国法律对于进口食品的规定。如果食品是由海外他人直接发货，说明商家没有尽到查验食品是否符合安全标准的义务，因此该进口食品应为不符合食品安全标准的食品。但是否可以适用惩罚性赔偿规定，要考虑食品标签、说明书的问题是否不影响食品安全且不会对消费者造成误导来综合判断。

【法律依据】

《食品安全法》第九十七条　进口的预包装食品、食品添加剂应当有中文标签；依法应当有说明书的，还应当有中文说明书。标签、说明书应当符合本法以及我国其他有关法律、行政法规的规定和食品安全国家标准的要求，并载明食品的原产地以及境内代理商的名称、地址、联系方式。预包装食品没有中文标签、中文说明书或者标签、说明书不符合本条规定的，不得进口。

《食品安全法》第一百四十八条　生产不符合食品安全标准的食品或者经营明知是不符合食品安全标准的食品，消费者除要求赔偿损失外，还可以向生产者或者经营者要求支付价款十倍或者损失三倍的赔偿金；增加赔偿的金额不足一千元的，为一千元。

但是，食品的标签、说明书存在不影响食品安全且不会对消费者造成误导的瑕疵的除外。

66. 购买保险产品是否属于《消费者权益保护法》保护的范围？保险公司销售保险产品时如有欺诈行为是否适用消法的惩罚性赔偿规定？

【解答】

属于。《消费者权益保护法》立法目的是保护整体上处于弱势的消费者一方的合法权益。保险消费者处于弱势地位，保险公司出具的保险合同非常复杂，一般投保人很难看懂。故要维护投保人合法权益，对保险欺诈起到惩罚作用，应对保险欺诈行为适用《消费者权益保护法》惩罚性赔偿规定。而且现行的《消费者权益保护法》也明确将证券、保险、银行等金融服务的经营者提供的产品或服务纳入《消费者权益保护法》保护范围。因此保险公司有欺诈行为的也适用消法的惩罚性赔偿规定。

【法律依据】

《消费者权益保护法》第二十八条　采用网络、电视、电话、邮购等方式提供商品或者服务的经营者，以及提供证券、保险、银行等金融服务的经营者，应当向消费者提供经营地址、联系方式、商品或者服务的数量和质量、价款或者费用、履行期限和方式、安全注意事项和风险警示、售后服务、民事责任等信息。

67. 消费者购买保险后，发现当初客户经理提供的利益演算表与约定收益存在明显差异，且该产品系终身寿险，不能返还本金。消费者能否起诉要求撤销保险合同，并退还保费、三倍赔偿损失？

【解答】

客户经理推介保险产品并提供该利益演算表行为属于保险公司的职务行为，法律后果应由保险公司承担。购买保险产品的个人消费者如有证据证明保险公司承诺的保险产品与实际购买产品内容存在较大差异的，应认定保险公司存在消费欺诈行为，可适用消法的“退一赔三”的惩罚性赔偿规定。

【法律依据】

《消费者权益保护法》第五十五条　经营者提供商品或者服务有欺诈行为的，应当按照消费者的要求增加赔偿其受到的损失，增加赔偿的金额为消费者购买商品的价款或者接受服务的费用的三倍；增加赔偿的金额不足五百元的，为五百元。法律另有规定的，依照其规定。

68. 如果购买保险之后，仔细看了条款又有点后悔，投保人有没有办法退掉保险？

【解答】

如果买的是财产保险，则不能退保。如果买的是人身保险（人身保险分为人寿保险、年金保险、健康保险、意外伤害保险），投保人反悔的话，只要是在犹豫期内（是指从投保人收到保险单并书面签收日起十日内的一段时期），投保人就可以无条件解除保险合同，保险公司除扣除不超过十元的成本费以外，应退还全部保费，并不得对此收取其他任何费用。投保单或保险条款中应载明投保人在犹豫期内的权利，保险公司销售人员展业时以及保险公司向投保人、被保险人发送保单时，应对犹豫期内的权利进行说明。保险公司对投资连结保险投保人在犹豫期内解除保险合同的费用扣除应当符合《人身保险新型产品信息披露管理办法》的有关规定。犹豫期的具体约定详见保险条款或各险种的产品说明书。犹豫期是专门针对人身保险设立的一种制度，由于人身保险与财产保险相比，期限更长、合同条款更复杂、对生活影响更大，因此允许投保人、被保险人在投保并拿到保险合同后可以认真阅读考虑，并且在对所投保险感到反悔时有权无条件解除合同。

【法律依据】

《中国保险监督管理委员会关于规范人身保险业务经营有关问题的通知》（保监发〔2011〕36号）

四、关于犹豫期

（1）“犹豫期”是从投保人收到保险单并书面签收日起十日内的一段时期。

（2）投保单或保险条款中应载明投保人在犹豫期内的权利，保险公司销售人员展业时以及保险公司向投保人、被保险人发送保单时，应对犹豫期内的权利进行说明。

（3）在犹豫期内，投保人可以无条件解除保险合同，保险公司除扣除不超过十元的成本费以外，应退还全部保费，并不得对此收取其他任何费用。保险公司对投资连结保险投保人在犹豫期内解除保险合同的费用扣除应当符合《人身保险新型产品信息披露管理办法》的有关规定。

69. 如果是财产保险，或人身保险过了犹豫期之后，投保人要解除保险合同有什么限制吗？

【解答】

投保人一般可以随时解除合同，但是不能要求保险公司退还已交纳的全部保险费。因为保险合同成立生效后，保险公司已经开始承担起保险责任，投保人当然要支付相应的费用。对于人身保险，保险公司退还的是保险单的现金价值；对于财产保险，保险责任开始前就解除的，保险公司要收取你的手续费。保险责任开始后才解除的，保险公司要扣除掉合同解除之日以前的相应部分保险费。

【法律依据】

《保险法》第十五条　除本法另有规定或者保险合同另有约定外，保险合同成立后，投保人可以解除合同，保险人不得解除合同。

《保险法》第四十七条　投保人解除合同的，保险人应当自收到解除合同通知之日起三十日内，按照合同约定退还保险单的现金价值。

《保险法》第五十四条　保险责任开始前，投保人要求解除合同的，应当按照合同约定向保险人支付手续费，保险人应当退还保险费。保险责任开始后，投保人要求解除合同的，保险人应当将已收取的保险费，按照合同约定扣除自保险责任开始之日起至合同解除之日止应收的部分后，退还投保人。

70. 有的地方在飞机票、火车票、汽车票、旅游门票等销售环节强制搭售短期意外保险，是否有法律依据？

【解答】

没有。只要法律、行政法规没有规定必须要保险的，任何机关和部门都不能强制消费者购买保险。强制保险销售侵害了消费者的自主选择权和公平交易权。《中国保监会关于禁止强制销售保险的紧急通知》（保监消保〔2013〕634 号）中明确指出：各公司在开展保险业务活动中，要严格遵守《保险法》的合同自愿原则，充分尊重消费者的自主选择权、公平交易权等合法权益。除法律、行政法规规定必须购买保险的外，禁止以任何形式利用不正当手段直接或通过保险中介强迫消费者订立保险合同。如果消费者遇到这种强制搭售保险，可向保监会或有关部门投诉。

【法律依据】

《保险法》第十一条　订立保险合同，应当协商一致，遵循公平原则确定各方的权利和义务。

除法律、行政法规规定必须保险的外，保险合同自愿订立。

《保险法》第一百三十一条　保险代理人、保险经纪人及其从业人员在办理保险业务活动中不得有下列行为：

（5）利用行政权力、职务或者职业便利以及其他不正当手段强迫、引诱或者限制投保人订立保险合同。

71. 保险合同中往往有很多免责条款，很多情况保险公司并不赔付，但一般消费者也不会很仔细地注意到这些条款，到了理赔时才被告知不属于保险范围，这些免责条款在诉讼时都会被法官认可吗?

【解答】

保险合同一般是由保险公司提供的格式合同，保险公司制定免责条款的本质是约定风险排除事项，以减轻或免除保险人责任或加重投保人责任。免责条款在法律上要被确认有效，对保险公司有两个要求：要有提示和明确说明。对于提示义务，一般要求该条款要有显著标志，如用黑体字、字体加大加粗或颜色相异等；对于明确说明义务，一般要求投保人在相关文书上签字、盖章，或保险公司对说明过程录音录像。如果保险公司能对所有免除保险人责任的条款及说明内容单独印刷，并对此附有“投保人声明”或单独制作的“确认告知单”“投保人声明书”，让投保人在上面签字确认表示对免责条款的概念、内容及其法律后果均已经明了的则更好。另外要注意的是，如果是对法定免责事项的重复或者双方明确采用协商方式约定免责事项而非格式条款的，则保险公司不必承担提示和明确说明义务。如果保险公司是以法律、行政法规中的禁止性规定情形作为免责事由的，则不要求必须明确说明。

【法律依据】

《保险法》第十七条　订立保险合同，采用保险人提供的格式条款的，保险人向投保人提供的投保单应当附格式条款，保险人应当向投保人说明合同的内容。

对保险合同中免除保险人责任的条款，保险人在订立合同时应当在投保单、保险单或者其他保险凭证上作出足以引起投保人注意的提示，并对该条款的内容以书面或者口头形式向投保人做出明确说明；未做提示或者明确说明的，该条款不产生效力。

《最高人民法院关于适用〈中华人民共和国保险法〉若干问题的解释(二)》第九条　保险人提供的格式合同文本中的责任免除条款、免赔额、免赔率、比例赔付或者给付等免除或者减轻保险人责任的条款，可以认定为保险法第十七条第二款规定的"免除保险人责任的条款"。

保险人因投保人、被保险人违反法定或者约定义务，享有解除合同权利的条款，不属于保险法第十七条第二款规定的"免除保险人责任的条款"。

《最高人民法院关于适用〈中华人民共和国保险法〉若干问题的解释(二)》第十条　保险人将法律、行政法规中的禁止性规定情形作为保险合同免责条款的免责事由，保险人对该条款作出提示后，投保人、被保险人或者受益人以保险人未履行明确说明义务为由主张该条款不生效的，人民法院不予支持。

《最高人民法院关于适用〈中华人民共和国保险法〉若干问题的解释(二)》第十一条　保险合同订立时，保险人在投保单或者保险单等其他保险凭证上，对保险合同中免除保险人责任的条款，以足以引起投保人注意的文字、字体、符号或者其他明显标志作出提示的，人民法院应当认定其履行了保险法第十七条第二款规定的提示义务。

保险人对保险合同中有关免除保险人责任条款的概念、内容及其法律后果以书面或者口头形式向投保人作出常人能够理解的解释说明的，人民法院应当认定保险人履行了保险法第十七条第二款规定的明确说明义务。

《最高人民法院关于适用〈中华人民共和国保险法〉若干问题的解释(二)》第十二条　通过网络、电话等方式订立的保险合同，保险人以网页、音频、视频等形式对免除保险人责任条款予以提示和明确说明的，人民法院可以认定其履行了提示和明确说明义务。

《最高人民法院关于适用〈中华人民共和国保险法〉若干问题的解释(二)》第十三条　保险人对其履行了明确说明义务负举证责任。

投保人对保险人履行了符合本解释第十一条第二款要求的明确说明义务在相关文书上签字、盖章或者以其他形式予以确认的，应当认定保险人履行了该项义务。但另有证据证明保险人未履行明确说明义务的除外。

72. 投保人向保险公司购买疾病保险时，如果自身健康状况有问题，必须要告知保险公司吗？

【解答】

因为投保人的一些自身情况对于保险公司决定是否承保和保费的确定有直接影响，所以投保人订立保险合同时，有如实告知义务，但前提是保险公司进行了询问。如果保险公司没有询问，则可以不用主动告知。如果保险公司询问了，要如实告知。故意不告知的，发生保险事故的，不用赔付也不退费；因重大过失未告知对保险事故有重大影响的，不用赔付但可以退费。但合同成立超过二年的不受这个限制，发生保险事故的，保险公司应当赔付。比如疾病险，投保时保险公司会让投保人填写问卷，对和投保疾病相关的一些健康问题进行回答。如果投保人的回答表明没有问题，以后遇到投保的疾病而申请理赔时，保险公司会去医院调查，如果发现投保人在投保之前曾就医检查或治疗相关疾病的，保险公司会调取医院当时的病历或住院记录，以证明投保人没有如实告知而要求解除合同并拒绝赔付。

【法律依据】

《保险法》第十六条　订立保险合同，保险人就保险标的或者被保险人的有关情况提出询问的，投保人应当如实告知。

投保人故意或者因重大过失未履行前款规定的如实告知义务，足以影响保险人决定是否同意承保或者提高保险费率的，保险人有权解除合同。

前款规定的合同解除权，自保险人知道有解除事由之日起，超过三十日不行使而消灭。自合同成立之日起超过二年的，保险人不得解除合同；发生保险事故的，保险人应当承担赔偿或者给付保险金的责任。

投保人故意不履行如实告知义务的，保险人对于合同解除前发生的保险事故，不承担赔偿或者给付保险金的责任，并不退还保险费。

投保人因重大过失未履行如实告知义务，对保险事故的发生有严重影响的，保险人对于合同解除前发生的保险事故，不承担赔偿或者给付保险金的责任，但应当退还保险费。

保险人在合同订立时已经知道投保人未如实告知的情况的，

保险人不得解除合同；发生保险事故的，保险人应当承担赔偿或者给付保险金的责任。

保险事故是指保险合同约定的保险责任范围内的事故。

73. 投保人对保险公司投保时询问的回答要注意什么？

【解答】

要看清楚问题，问什么答什么，对问题中列明的疾病要实话实说，没有问的则可以不回答。对其中的指向不明确的概括性、兜底性条款可以不回答。

【法律依据】

《最高人民法院关于适用〈中华人民共和国保险法〉若干问题的解释(二)》第六条　投保人的告知义务限于保险人询问的范围和内容。当事人对询问范围及内容有争议的，保险人负举证责任。

保险人以投保人违反了对投保单询问表中所列概括性条款的如实告知义务为由请求解除合同的，人民法院不予支持。但该概括性条款有具体内容的除外。

74. 在投保人身保险时，有时保险公司会要求被保险人进行体检，这对投保人的如实告知义务有影响吗？

【解答】

体检本身，并不免除投保人的如实告知义务。从这点看，体检只是保险公司在订立保险合同时自己选择的一种审查手段。但如果体检报告显示出被保险人的某项健康问题后，保险公司仍决定订立保险合同的，以后不能再以投保人未如实告知该项健康问题为由要求解除合同。

【法律依据】

《最高人民法院关于适用〈中华人民共和国保险法〉若干问题的解释(三)》第五条　保险合同订立时，被保险人根据保险人的要求在指定医疗服务机构进行体检，当事人主张投保人如实告知义务免除的，人民法院不予支持。

保险人知道被保险人的体检结果，仍以投保人未就相关情况履行如实告知义务为由要求解除合同的，人民法院不予支持。

75. 对于以死亡为给付条件的保险合同，法律有什么特殊规定？

【解答】

对于以死亡为给付条件的保险，保险责任除了自然死亡也包括宣告死亡。该类保险有两个限制条件：(1)必须经被保险人同意并认可保险金额；(2)不得为无民事行为能力人投保。如果是父母为自己的未成年子女投保则不受这两个条件限制，但是保险金额也不能过高，因被保险人死亡给付的保险金总和不得超过国务院保险监督管理机构规定的限额。另外注意两点：(1)保险合同成立两年内被保险人自杀的，保险公司不用赔只退还保险单现金价值，但被保险人是无民事行为能力人的除外，这主要是考虑无民事行为能力人的自杀，一般不属于主动剥夺自己生命的行为，不具有骗取保险金的目的；(2)因被保险人故意犯罪或者抗拒依法采取的刑事强制措施导致其伤残或者死亡的，保险公司不用赔，如果投保人已交足二年以上保险费的，保险公司退还保险单的现金价值。

【法律依据】

《保险法》第三十三条 投保人不得为无民事行为能力人投保以死亡为给付保险金条件的人身保险，保险人也不得承保。

父母为其未成年子女投保的人身保险，不受前款规定限制。但是，因被保险人死亡给付的保险金总和不得超过国务院保险监督管理机构规定的限额。

《保险法》第三十四条 以死亡为给付保险金条件的合同，未经被保险人同意并认可保险金额的，合同无效。

按照以死亡为给付保险金条件的合同所签发的保险单，未经被保险人书面同意，不得转让或者质押。

父母为其未成年子女投保的人身保险，不受本条第一款规定限制。

《保险法》第四十四条 以被保险人死亡为给付保险金条件的合同，自合同成立或者合同效力恢复之日起二年内，被保险人自杀的，保险人不承担给付保险金的责任，但被保险人自杀时为无民事行为能力人的除外。

保险人依照前款规定不承担给付保险金责任的，应当按照合同约定退还保险单的现金价值。

《保险法》第四十五条 因被保险人故意犯罪或者抗拒依法采

取的刑事强制措施导致其伤残或者死亡的，保险人不承担给付保险金的责任。投保人已交足二年以上保险费的，保险人应当按照合同约定退还保险单的现金价值。

《保险法》第四十六条 被保险人因第三者的行为而发生死亡、伤残或者疾病等保险事故的，保险人向被保险人或者受益人给付保险金后，不享有向第三者追偿的权利，但被保险人或者受益人仍有权向第三者请求赔偿。

《最高人民法院关于适用〈中华人民共和国保险法〉若干问题的解释(三)》第六条 未成年人父母之外的其他履行监护职责的人为未成年人订立以死亡为给付保险金条件的合同，当事人主张参照保险法第三十三条第二款、第三十四条第三款的规定认定该合同有效的，人民法院不予支持，但经未成年人父母同意的除外。

《最高人民法院关于适用〈中华人民共和国保险法〉若干问题的解释(三)》第二十三条 保险人主张根据保险法第四十五条的规定不承担给付保险金责任的，应当证明被保险人的死亡、伤残结果与其实施的故意犯罪或者抗拒依法采取的刑事强制措施的行为之间存在因果关系。

被保险人在羁押、服刑期间因意外或者疾病造成伤残或者死亡，保险人主张根据保险法第四十五条的规定不承担给付保险金责任的，人民法院不予支持。

《最高人民法院关于适用〈中华人民共和国保险法〉若干问题的解释(三)》第二十四条 投保人为被保险人订立以死亡为给付保险金条件的保险合同，被保险人被宣告死亡后，当事人要求保险人按照保险合同约定给付保险金的，人民法院应予支持。

被保险人被宣告死亡之日在保险责任期间之外，但有证据证明下落不明之日在保险责任期间之内，当事人要求保险人按照保险合同约定给付保险金的，人民法院应予支持。

76. 人身保险的被保险人在监狱服刑期间因意外而伤残的，保险公司是否不用给付保险金？

【解答】

这种情况保险公司应当给付保险金。因为在羁押、服刑期间因意外或疾病造成伤残或死亡的，不属于保险法第四十五条规定的被保险人故意犯罪或者抗拒依法采取的刑事强制措施导致其伤残或者死亡的情形。

【法律依据】

《最高人民法院关于适用〈中华人民共和国保险法〉若干问题的解释(三)》第二十三条　保险人主张根据保险法第四十五条的规定不承担给付保险金责任的，应当证明被保险人的死亡、伤残结果与其实施的故意犯罪或者抗拒依法采取的刑事强制措施的行为之间存在因果关系。

被保险人在羁押、服刑期间因意外或者疾病造成伤残或者死亡，保险人主张根据保险法第四十五条的规定不承担给付保险金责任的，人民法院不予支持。

77. 单位为自己职工投保了意外伤害和疾病保险，能否不再为职工参加工伤保险？

【解答】

不行。首先，参加工伤保险是法定的强制性义务，单位不能选择参不参加。应参加而不参加的单位，不仅可能受到社会保险行政部门责令补缴、加收滞纳金、罚款的处理，在发生工伤事故后，工伤职工也可以要求单位支付相应费用。其次，人身保险不能对冲单位不参加工伤保险的风险。单位为与其有劳动关系的职工投保，按法律规定受益人只能指定为职工本人及其近亲属。如果没有指定受益人，发生工伤事故职工死亡的，保险金会作为被保险人的遗产由其继承人继承。因此单位既不能成为领取保险金的受益人，还要承担补偿工伤职工的责任。所以单位如果想减少自己的风险，可以以自己为被保险人，投保单位的责任险。

【法律依据】

《工伤保险条例》第二条 中华人民共和国境内的企业、事业单位、社会团体、民办非企业单位、基金会、律师事务所、会计师事务所等组织和有雇工的个体工商户(以下称用人单位)应当依照本条例规定参加工伤保险，为本单位全部职工或者雇工(以下称职工)缴纳工伤保险费。

中华人民共和国境内的企业、事业单位、社会团体、民办非企业单位、基金会、律师事务所、会计师事务所等组织的职工和个体工商户的雇工，均有依照本条例的规定享受工伤保险待遇的权利。

《工伤保险条例》第六十二条 用人单位依照本条例规定应当参加工伤保险而未参加的，由社会保险行政部门责令限期参加，补缴应当缴纳的工伤保险费，并自欠缴之日起，按日加收万分之五的滞纳金；逾期仍不缴纳的，处欠缴数额一倍以上三倍以下的罚款。

依照本条例规定应当参加工伤保险而未参加工伤保险的用人单位职工发生工伤的，由该用人单位按照本条例规定的工伤保险待遇项目和标准支付费用。

用人单位参加工伤保险并补缴应当缴纳的工伤保险费、滞纳金后，由工伤保险基金和用人单位依照本条例的规定支付新发生的费用。

《保险法》第三十九条　人身保险的受益人由被保险人或者投保人指定。

投保人指定受益人时须经被保险人同意。投保人为与其有劳动关系的劳动者投保人身保险，不得指定被保险人及其近亲属以外的人为受益人。

《保险法》第四十二条　被保险人死亡后，有下列情形之一的，保险金作为被保险人的遗产，由保险人依照《中华人民共和国继承法》的规定履行给付保险金的义务：

(1)没有指定受益人，或者受益人指定不明无法确定的；

(2)受益人先于被保险人死亡，没有其他受益人的；

(3)受益人依法丧失受益权或者放弃受益权，没有其他受益人的。

78. 投保时，有时保险公司的销售人员会代投保人在文件上签字，这样会有什么法律后果？

【解答】

保险公司的销售人员代签的，则该签字相对应的文件或内容对投保人不生效。如果事后有投保人签字或盖章确认的，代为签写的内容才视为有效。如果投保人事后没有确认，对于保险合同，投保人交纳了保险费的视为追认，保险合同有效；但对于人身保险的健康询问问题，视为保险公司没有进行询问，或可能属于阻碍投保人履行如实告知义务或者诱导其不履行如实告知义务的情形，因此不能要求投保人承担没有如实告知的责任。另外保险人或者保险人的代理人不得存在保险法第一百一十六条、第一百三十一条规定的情形。

【法律依据】

《最高人民法院关于适用〈中华人民共和国保险法〉若干问题的解释(二)》第三条 投保人或者投保人的代理人订立保险合同时没有亲自签字或者盖章，而由保险人或者保险人的代理人代为签字或者盖章的，对投保人不生效。但投保人已经交纳保险费的，视为其对代签字或者盖章行为的追认。

保险人或者保险人的代理人代为填写保险单证后经投保人签字或者盖章确认的，代为填写的内容视为投保人的真实意思表示。但有证据证明保险人或者保险人的代理人存在保险法第一百一十六条、第一百三十一条相关规定情形的除外。

《保险法》第一百一十六条 保险公司及其工作人员在保险业务活动中不得有下列行为：

(1)欺骗投保人、被保险人或者受益人；

(2)对投保人隐瞒与保险合同有关的重要情况；

(3)阻碍投保人履行本法规定的如实告知义务，或者诱导其不履行本法规定的如实告知义务；

(4)给予或者承诺给予投保人、被保险人、受益人保险合同约定以外的保险费回扣或者其他利益；

(5) 拒不依法履行保险合同约定的赔偿或者给付保险金义务；

(6) 故意编造未曾发生的保险事故、虚构保险合同或者故意夸大已经发生的保险事故的损失程度进行虚假理赔，骗取保险金或者牟取其他不正当利益；

(7) 挪用、截留、侵占保险费；

(8) 委托未取得合法资格的机构从事保险销售活动；

(9) 利用开展保险业务为其他机构或者个人牟取不正当利益；

(10) 利用保险代理人、保险经纪人或者保险评估机构，从事以虚构保险中介业务或者编造退保等方式套取费用等违法活动；

(11) 以捏造、散布虚假事实等方式损害竞争对手的商业信誉，或者以其他不正当竞争行为扰乱保险市场秩序；

(12) 泄露在业务活动中知悉的投保人、被保险人的商业秘密；

(13) 违反法律、行政法规和国务院保险监督管理机构规定的其他行为。

《保险法》第一百三十一条　保险代理人、保险经纪人及其从业人员在办理保险业务活动中不得有下列行为：

(1) 欺骗保险人、投保人、被保险人或者受益人；

(2) 隐瞒与保险合同有关的重要情况；

(3) 阻碍投保人履行本法规定的如实告知义务，或者诱导其不履行本法规定的如实告知义务；

(4) 给予或者承诺给予投保人、被保险人或者受益人保险合同约定以外的利益；

(5) 利用行政权力、职务或者职业便利以及其他不正当手段强迫、引诱或者限制投保人订立保险合同；

(6)伪造、擅自变更保险合同，或者为保险合同当事人提供虚假证明材料；

(7)挪用、截留、侵占保险费或者保险金；

(8)利用业务便利为其他机构或者个人牟取不正当利益；

(9)串通投保人、被保险人或者受益人，骗取保险金；

(10)泄露在业务活动中知悉的保险人、投保人、被保险人的商业秘密。

79. 投保人购买了疾病保险后，在保险期间得了相关疾病并获得了保险公司的赔付。在保险合同到期后，投保人可以要求保险公司续保吗？

【解答】

不可以，订立保险合同要自愿订立，这种情况要么保险公司不愿再承保，要么会提高保费以降低保险公司的风险。其实即使在保险期间没有出现赔付事件，保险公司根据投保人的年龄和身体变化，也不一定会同意续保，当然具体分析还要看保险合同中的续保条款。

【法律依据】

《保险法》第十一条　订立保险合同，应当协商一致，遵循公平原则确定各方的权利和义务。

除法律、行政法规规定必须保险的外，保险合同自愿订立。

80. 人身保险的被保险人被他人打伤的，向保险公司申请赔付后，可以再向伤人者要求全部赔偿吗？

【解答】

可以。这种情况保险公司不享有向第三者的追偿权利。保险公司赔付后，不影响被保险人要求第三者承担侵权责任。

【法律依据】

《保险法》第四十六条　被保险人因第三者的行为而发生死亡、伤残或者疾病等保险事故的，保险人向被保险人或者受益人给付保险金后，不享有向第三者追偿的权利，但被保险人或者受益人仍有权向第三者请求赔偿。

《最高人民法院关于适用〈中华人民共和国保险法〉若干问题的解释(二)》第十九条　保险事故发生后，被保险人或者受益人起诉保险人，保险人以被保险人或者受益人未要求第三者承担责任为由抗辩不承担保险责任的，人民法院不予支持。

81. 消费者“双十一”在某网店以促销价购买了某件商品，后发现“双十一”之后在该网店仍可以用该价格购买到该商品，网店的做法是否属于虚构原价构成价格欺诈？

【解答】

如果该网店能证明该商品的确定原价是多少，则不属于故意虚构原价。从网上交易模式和技术手段来看，消费者有足够渠道获取交易信息，能获知促销日前后交易价格均与标注原价不同，故也不宜认定网店存在故意隐瞒商品价格信息的行为。对于网店长期以低于原价的价格销售导致的促销活动前后价格均低于原价，不应属于虚构原价的价格欺诈行为，不适用消法的惩罚性赔偿规定。

【法律依据】

《最高人民法院关于贯彻执行〈中华人民共和国民法通则〉若干问题的意见(试行)》第六十八条　一方当事人故意告知对方虚假情况，或者故意隐瞒真实情况，诱使对方当事人作出错误意思表示的，可以认定为欺诈行为。

82. 某瑜伽馆宣称结业颁发瑜伽培训学院证书及推荐就业，吸引学员签订培训协议，并收取培训费。后学员发现瑜伽馆不能兑现承诺，瑜伽馆承认有不实宣传。学员能否起诉要求解约，并返还费用和赔偿？

【解答】

可以。学员向瑜伽馆交纳培训费，双方之间建立起事实上的服务合同关系。如果瑜伽馆无教育、职业技能培训和颁发证书的资格，却故意对外宣传为瑜伽培训学院，承诺学员结业后可获得证书及推荐就业，瑜伽馆的虚假宣传客观上误导了学员接受该馆提供的服务。现学员签约主要目的根本不可能实现，其解除培训协议的要求符合相关法律规定。瑜伽馆的经营者，故意告知消费者虚假信息及隐瞒真实情况，诱使学员签订培训协议，可认定为欺诈行为。因此学员可起诉要求解除双方所签培训协议，返还培训费用并三倍赔偿。

【法律依据】

《消费者权益保护法》第五十五条　经营者提供商品或者服务有欺诈行为的，应当按照消费者的要求增加赔偿其受到的损失，增加赔偿的金额为消费者购买商品的价款或者接受服务的费用的三倍；增加赔偿的金额不足五百元的，为五百元。法律另有规定的，依照其规定。

经营者明知商品或者服务存在缺陷，仍然向消费者提供，造成消费者或者其他受害人死亡或者健康严重损害的，受害人有权要求经营者依照本法第四十九条、第五十一条等法律规定赔偿损失，并有权要求所受损失二倍以下的惩罚性赔偿。

83. 在超市购买了某种饮料，未标明果汁含量、生产者地址及联系方式，其中标签注明含有花青素，实际却未添加。检验结论显示该饮料符合国家食品质量标准。消费者是否可以要求超市退货并十倍赔偿？

【解答】

相关饮料未标明果汁含量、生产者地址及联系方式，其中标签注明含有花青素，实际却未添加。上述情况均违反《食品安全法》强制性规定。超市作为食品销售者，应按保障食品安全的要求检查所售食品是否符合食品安全标准，在货品上架前尽到审慎查验义务。商家销售的食品虽质量合格，但标签存在一定瑕疵且涉及食品安全或营养的，该食品仍不符合食品安全标准，消费者可以要求退货并十倍赔偿。

【法律依据】

《食品安全法》第二十六条 食品安全标准应当包括下列内容：

（4）对与卫生、营养等食品安全要求有关的标签、标志、说明书的要求。

《食品安全法》第六十七条 预包装食品的包装上应当有标签。标签应当标明下列事项：

（2）成分或者配料表；

（3）生产者的名称、地址、联系方式。

《食品安全法》第七十一条 食品和食品添加剂与其标签、说明书的内容不符的，不得上市销售。

《食品安全法》第一百四十八条 生产不符合食品安全标准的食品或者经营明知是不符合食品安全标准的食品，消费者除要求赔偿损失外，还可以向生产者或者经营者要求支付价款十倍或者损失三倍的赔偿金；增加赔偿的金额不足一千元的，为一千元。但是，食品的标签、说明书存在不影响食品安全且不会对消费者造成误导的瑕疵的除外。

84. 在超市购买某公司生产的胶原蛋白粉，产品外包装“配料”一栏中标明含有食品添加剂“D-甘露糖醇”。该添加是否符合规定？能否以此为由要求超市和保健品公司退货和十倍赔偿？

【解答】

“D-甘露糖醇”属于食品添加剂，根据《食品安全国家标准 食品添加剂使用标准》(GB 2760-2014)的规定，“D-甘露糖醇”的功能是甜味剂、乳化剂、膨松剂、稳定剂、增稠剂，使用范围为糖果，最大使用量为按生产需要适量使用。“胶原蛋白粉”明显不属于糖果，“胶原蛋白粉”不在允许使用“D-甘露糖醇”食品添加剂的范围之内，保健品公司在涉案产品中添加“D-甘露糖醇”属超范围使用食品添加剂，违反了食品安全国家标准的相关规定。超市作为销售者，在检查验收中对该产品把关不严，致使不符合食品安全国家标准的产品流入市场，误导消费者，损害了消费者的合法权益。因此超市和保健品公司都应承担相应责任，该责任承担不以产生实际人身损害为前提。消费者可以以此为由向超市和保健品公司要求退货和十倍赔偿。

【法律依据】

《食品安全法》第三十四条　禁止生产经营下列食品、食品添加剂、食品相关产品：

(4)超范围、超限量使用食品添加剂的食品。

《最高人民法院关于审理食品药品纠纷案件适用法律若干问题的规定》第十五条　生产不符合安全标准的食品或者销售明知

是不符合安全标准的食品，消费者除要求赔偿损失外，向生产者、销售者主张支付价款十倍赔偿金或者依照法律规定的其他赔偿标准要求赔偿的，人民法院应予支持。

85. 消费者在药店购买某种保健食品，根据产品包装上注明的批准文号卫食健字＊＊查询不到相关信息，是否有问题?

【解答】

关于保健食品的“卫食健字”“国食健字”的批准文号，消费者可以登录国家食品药品监督管理总局的官网，进入企业查询，在特殊食品中选择国产保健食品，输入产品的批准文号即可查询相应信息。如果网站上没有该批准文号，则是该保健食品未经注册审批，是自编的虚假文号。如果网站上的批准文号对应的信息是其他保健食品，则该保健食品是冒用批准文号的产品。药房作为销售者，在进货时未审查相关批准证书，使这种产品进入流通环节，其行为构成经营明知是不符合食品安全标准的食品，消费者可要求药店退货并十倍赔偿。另外保健食品的包装上会印刷保健食品标志，也就是俗称的“小蓝帽”标记。

【法律依据】

《食品安全法》第一百四十八条　生产不符合食品安全标准的食品或者经营明知是不符合食品安全标准的食品，消费者除要求赔偿损失外，还可以向生产者或者经营者要求支付价款十倍或者损失三倍的赔偿金；增加赔偿的金额不足一千元的，为一千元。但是，食品的标签、说明书存在不影响食品安全且不会对消费者

造成误导的瑕疵的除外。

86. 消费者在超市购买的“柠檬芦荟”饮料含有“库拉索芦荟凝胶”，包装上标注“孕妇与婴儿慎用”，但经查询发现库拉索芦荟凝胶可用于食品生产加工但孕妇与婴幼儿不宜食用。该饮料的警示遗漏了幼儿，这种情况是否属于不符合食品安全标准？

【解答】

该饮料含有库拉索芦荟凝胶，对适用人群有特殊要求的食品应当准确标注。按照《卫生部等6部局关于含库拉索芦荟凝胶食品标识规定的公告》(2009年第1号公告)要求，应标注“孕妇与婴幼儿慎用”字样。该饮料仅标注“孕妇与婴儿慎用”，遗漏了对幼儿群体的风险提示，容易对消费者造成误导，存在食品安全隐患，属于不符合食品安全标准的食品。该超市作为食品经营者，负有确保其销售的食品符合食品安全标准的合理注意义务。其对于含库拉索芦荟凝胶的食品安全事项的公告内容应当知晓，应当能够发现标识存在的食品安全隐患。故该超市的行为已构成经营明知是不符合食品安全标准的食品，消费者可以要求超市退货并十倍赔偿。

【法律依据】

《卫生部等6部局关于含库拉索芦荟凝胶食品标识规定的公告》

(1)芦荟产品中仅有库拉索芦荟凝胶可用于食品生产加工。新资源食品库拉索芦荟凝胶来源于库拉索芦荟叶片的可食用部位凝胶肉，是以库拉索芦荟叶片为原料，经沥醌清洗、去皮、漂烫、杀菌等步骤制成的无色透明至乳白色凝胶，可用于各类食品，每日食用量应不大于30克。但是，孕妇、婴幼儿不宜食用。

(2)添加库拉索芦荟凝胶的食品必须标注“本品添加芦荟，孕妇与婴幼儿慎用”字样，并应当在配料表中标注“库拉索芦荟凝胶”。

《食品安全法》第一百四十八条　生产不符合食品安全标准的食品或者经营明知是不符合食品安全标准的食品，消费者除要求赔偿损失外，还可以向生产者或者经营者要求支付价款十倍或者损失三倍的赔偿金；增加赔偿的金额不足一千元的，为一千元。但是，食品的标签、说明书存在不影响食品安全且不会对消费者造成误导的瑕疵的除外。

87. 在超市购买的食品包装上分别有喷码标注和标签标注的两个生产日期，且不一致，能否向超市要求惩罚性赔偿？

【解答】

超市销售的食品存在两个不同的生产日期，明显不符合法律规定，足以对消费者造成误导，应当依法承担相应的赔偿责任。可以向超市要求“退一赔十”的惩罚性赔偿。

【法律依据】

《食品安全法》第三十四条　禁止生产经营下列食品、食品添加剂、食品相关产品；

(10)标注虚假生产日期、保质期或者超过保质期的食品、食品添加剂。

《食品安全法》第七十一条　食品和食品添加剂的标签、说明书应当清楚、明显，生产日期、保质期等事项应当显著标注，容易辨识。

88. 消费者在超市购买了一包食品，产品正面标注了制造商、生产地址、生产日期、配料、食用方法、保质期、营养成分表等内容，但该产品包装上未标注产品标准代码、生产许可证编号，能否向超市要求惩罚性赔偿？

【解答】

预包装食品必须标注产品标准代码和生产许可证编号，超市应当知晓相关法律法规的规定，也应当知晓销售未标注产品标准代码和生产许可证编号的食品须承担相应的赔偿责任。超市未尽到进货检查验收义务，销售未标注产品标准代码及生产许可证编号的食品，应当承担相应的法律责任。至于是否应该惩罚性赔偿，需要根据该标注问题是否影响食品安全且是否会对消费者造成误导来综合判断。

【法律依据】

《食品安全法》第六十七条　预包装食品的包装上应当有标签。标签应当标明下列事项：

(5)产品标准代号；

(8)生产许可证编号。

《食品安全法》第一百四十八条 生产不符合食品安全标准的食品或者经营明知是不符合食品安全标准的食品，消费者除要求赔偿损失外，还可以向生产者或者经营者要求支付价款十倍或者损失三倍的赔偿金；增加赔偿的金额不足一千元的，为一千元。但是，食品的标签、说明书存在不影响食品安全且不会对消费者造成误导的瑕疵的除外。

《产品质量法》第三十三条 销售者应当建立并执行进货检查验收制度，验明产品合格证明和其他标识。

89. 游客和旅行社签订旅游合同后，在旅游行程结束之前，游客和旅行社可以提出解除旅游合同吗？解除后如何处理后续问题？

【解答】

游客可以随时提出解除合同，但旅行社退还余款时要扣除必要的费用或者旅行社可请求游客支付合理的费用。游客可以要求旅行社协助返回出发地或者游客指定的合理地点，但返程费用由游客承担；旅行社不能无故主动解除合同。但因游客患有传染病、携带危害公共安全的物品且不同意交有关部门处理的、从事违法活动等法律规定情形的，旅行社可以解除合同。解除合同后旅行社应当扣除必要的费用，将余款退还游客。给旅行社造成损失的，游客应当承担赔偿责任；因不可抗力或者旅行社已尽合理注意义务仍不能避免的事件造成合同不能继续履行的，旅行社和游客均可以解除合同。合同解除后，旅行社应当在扣除已向地接社或者履行辅助人支付且不可退还的费用后，将余款退还给游客。

【法律依据】

《最高人民法院关于审理旅游纠纷案件适用法律若干问题的规定》第十二条　旅游行程开始前或者进行中，因旅游者单方解除合同，旅游者请求旅游经营者退还尚未实际发生的费用，或者旅游经营者请求旅游者支付合理费用的，人民法院应予支持。

《旅游法》第六十五条　旅游行程结束前，旅游者解除合同的，组团社应当在扣除必要的费用后，将余款退还旅游者。

《旅游法》第六十六条　旅游者有下列情形之一的，旅行社可以解除合同：

(1) 患有传染病等疾病，可能危害其他旅游者健康和安全的；

(2) 携带危害公共安全的物品且不同意交有关部门处理的；

(3) 从事违法或者违反社会公德的活动的；

(4) 从事严重影响其他旅游者权益的活动，且不听劝阻、不能制止的；

(5) 法律规定的其他情形。

因前款规定情形解除合同的，组团社应当在扣除必要的费用后，将余款退还旅游者；给旅行社造成损失的，旅游者应当依法承担赔偿责任。

《旅游法》第六十七条　因不可抗力或者旅行社、履行辅助人已尽合理注意义务仍不能避免的事件，影响旅游行程的，按照下列情形处理：

(1) 合同不能继续履行的，旅行社和旅游者均可以解除合同。合同不能完全履行的，旅行社经向旅游者作出说明，可以在合理范围内变更合同；旅游者不同意变更的，可以解除合同。

(2)合同解除的，组团社应当在扣除已向地接社或者履行辅助人支付且不可退还的费用后，将余款退还旅游者；合同变更的，因此增加的费用由旅游者承担，减少的费用退还旅游者。

(3)危及旅游者人身、财产安全的，旅行社应当采取相应的安全措施，因此支出的费用，由旅行社与旅游者分担。

(4)造成旅游者滞留的，旅行社应当采取相应的安置措施。因此增加的食宿费用，由旅游者承担；增加的返程费用，由旅行社与旅游者分担。

《旅游法》第六十八条　旅游行程中解除合同的，旅行社应当协助旅游者返回出发地或者旅游者指定的合理地点。由于旅行社或者履行辅助人的原因导致合同解除的，返程费用由旅行社承担。

90. 旅行社在组团时，如果没有达到预计的人数，可以解除和之前组团人员的合同吗？

【解答】

可以解除，但是，境内旅游应当至少提前七日通知旅游者，出境旅游应当至少提前三十日通知旅游者，并向旅游者退还已收取的全部费用。组团社也可经得旅游者书面同意后，委托其他旅行社履行合同。国内旅游如果没能提前七日(不含七日)通知旅游者，除全额退还预付的旅游费用，还应支付违约金：出发前七日(含七日)至四日才通知的，支付旅游费用总额百分之十的违约金；出发前三日至一日才通知的，支付旅游费用总额百分之十五的违约金；出发当日通知的，支付旅游费用总额百分之二十的违约金。

【法律依据】

《旅游法》第六十三条 旅行社招徕旅游者组团旅游，因未达到约定人数不能出团的，组团社可以解除合同。但是，境内旅游应当至少提前七日通知旅游者，出境旅游应当至少提前三十日通知旅游者。

因未达到约定人数不能出团的，组团社经征得旅游者书面同意，可以委托其他旅行社履行合同。组团社对旅游者承担责任，受委托的旅行社对组团社承担责任。旅游者不同意的，可以解除合同。

因未达到约定的成团人数解除合同的，组团社应当向旅游者退还已收取的全部费用。

《旅行社服务质量赔偿标准》第四条 旅行社与旅游者订立合同或收取旅游者预付旅游费用后，因旅行社原因不能成行的，旅行社应在合理期限内通知旅游者，否则按下列标准承担赔偿责任：

(1)国内旅游应提前七日(不含七日)通知旅游者，否则应向旅游者全额退还预付旅游费用，并按下述标准向旅游者支付违约金：出发前七日(含七日)至四日，支付旅游费用总额百分之十的违约金；出发前三日至一日，支付旅游费用总额百分之十五的违约金；出发当日，支付旅游费用总额百分之二十的违约金。

(2)出境旅游(含赴台游)应提前三十日(不含三十日)通知旅游者，否则应向旅游者全额退还预付旅游费用，并按下述标准向旅游者支付违约金：出发前三十日至十五日，支付旅游费用总额百分之二的违约金；出发前十四日至七日，支付旅游费用总额百分之五的违约金；出发前六日至四日，支付旅游费用总额百分之十的违约金；出发前三日至一日，支付旅游费用总额百分之十五的违约金；出发当日，支付旅游费用总额百分之二十的违约金。

91. 游客与旅行社签订了《团队境内旅游合同》，在旅游期间发生意外受伤，旅行社在保险公司投保了旅行社责任保险，游客应该如何要求赔偿？

【解答】

如果协商不成，游客可以起诉旅行社和保险公司，提起旅游合同纠纷诉讼。在履行旅游服务合同过程中，旅行社有义务为游客提供相对安全的游玩场所，对可能存在安全隐患的游乐项目及时作出风险提示并做好安全防范措施。如果旅行社在合理限度范围内未尽到安全保障义务，致使游客在旅游过程中遭受了人身损害，旅行社应当承担事故的赔偿责任。但游客作为完全民事行为能力人，在游玩中未尽谨慎注意义务，导致自身受伤，应当自负部分责任。法院会从公平合理的角度出发，酌定分配双方承担责任的比例。由于旅行社已向保险公司投保了旅行社责任保险，故确定游客的合理损失后，游客可根据保险法的规定，主张法院判决保险公司直接在责任险限额内向自己赔付相应的保险金。

【法律依据】

《合同法》第一百一十三条　当事人一方不履行合同义务或者履行合同义务不符合约定，给对方造成损失的，损失赔偿额应当相当于因违约所造成的损失，包括合同履行后可以获得的利益，但不得超过违反合同一方订立合同时预见到或者应当预见到的因违反合同可能造成的损失。

《保险法》第六十五条 保险人对责任保险的被保险人给第三者造成的损害，可以依照法律的规定或者合同的约定，直接向该第三者赔偿保险金。

责任保险的被保险人给第三者造成损害，被保险人对第三者应负的赔偿责任确定的，根据被保险人的请求，保险人应当直接向该第三者赔偿保险金。被保险人怠于请求的，第三者有权就其应获赔偿部分直接向保险人请求赔偿保险金。

92. 游客在旅游行程中，没参加旅行团的活动，自行活动期间受到人身损害，旅行社是否需要承担一定的责任？

【解答】

判断旅行社是否需要承担责任要分清两点，一是游客脱离团队自行活动时有没有经过导游或者领队许可，如没有经过许可故意脱离团伙受到损害的，旅行社不用承担责任。二是旅行社在游客自行活动时有没有尽到必要的提示、救助义务，如果尽到了，也不用承担责任。当然，对游客自行活动时受到的损害，旅行社即使需要承担责任，一般也只是一部分，不会承担全部责任。

【法律依据】

《最高人民法院关于审理旅游纠纷案件适用法律若干问题的规定》第十九条 旅游者在自行安排活动期间遭受人身损害、财产损失，旅游经营者未尽到必要的提示义务、救助义务，旅游者请求旅游经营者承担相应责任的，人民法院应予支持。

前款规定的自行安排活动期间，包括旅游经营者安排的在旅游行程中独立的自由活动期间、旅游者不参加旅游行程的活动期间以及旅游者经导游或者领队同意暂时离队的个人活动期间等。

第二十条　旅游者在旅游行程中未经导游或者领队许可，故意脱离团队，遭受人身损害、财产损失，请求旅游经营者赔偿损失的，人民法院不予支持。

93. 游客与旅行社签订旅游合同后，行程还没开始前，因突然有其他事情不能去旅游了，提出解除合同又要被旅行社扣钱，游客还有其他办法处理这个问题吗？

【解答】

除合同性质不宜转让或者合同另有约定之外，在行程开始之前，游客可以找到一个愿意去接替自己旅游的人，把自己的合同转让给他。如果换人没有增加费用，旅行社不应扣钱。如果换人减少了费用，旅行社还应退钱。

【法律依据】

《旅游法》第六十四条　旅游行程开始前，旅游者可以将包价旅游合同中自身的权利义务转让给第三人，旅行社没有正当理由的不得拒绝，因此增加的费用由旅游者和第三人承担。

《最高人民法院关于审理旅游纠纷案件适用法律若干问题的规定》第十一条　除合同性质不宜转让或者合同另有约定之外，在旅游行程开始前的合理期间内，旅游者将其在旅游合同中的权利义务转让给第三人，请求确认转让合同效力的，人民法院应予支持。

因前款所述原因，旅游经营者请求旅游者、第三人给付增加的费用或者旅游者请求旅游经营者退还减少的费用的，人民法院应予支持。

94. 游客与旅行社签订了旅游合同，里面约定发生纠纷由武汉旅游局仲裁委员会仲裁。现双方发生纠纷后，由于不存在该仲裁委员会，游客可以直接向法院起诉吗？

【解答】

虽然该合同中约定的仲裁机构名称表述不准确，但武汉市仅有一个仲裁机构即武汉仲裁委员会，因此武汉仲裁委员会可视为双方约定的仲裁机构。如果游客未声明有仲裁协议直接向法院起诉，旅行社在一审开庭前提交了仲裁协议，并对人民法院受理此案提出异议，法院可能会裁定驳回游客的起诉。游客如果认为该仲裁协议无效，可先向武汉市中级人民法院申请要求确认该仲裁协议无效。

【法律依据】

《最高人民法院关于适用〈中华人民共和国仲裁法〉若干问题的解释》第三条　仲裁协议约定的仲裁机构名称不准确，但能够确定具体的仲裁机构的，应当认定选定了仲裁机构。

《最高人民法院关于适用〈中华人民共和国仲裁法〉若干问题的解释》第六条　仲裁协议约定由某地的仲裁机构仲裁且该地仅

有一个仲裁机构的，该仲裁机构视为约定的仲裁机构。该地有两个以上仲裁机构的，当事人可以协议选择其中的一个仲裁机构申请仲裁；当事人不能就仲裁机构选择达成一致的，仲裁协议无效。

《最高人民法院关于适用〈中华人民共和国仲裁法〉若干问题的解释》第十二条 当事人向人民法院申请确认仲裁协议效力的案件，由仲裁协议约定的仲裁机构所在地的中级人民法院管辖；仲裁协议约定的仲裁机构不明确的，由仲裁协议签订地或者被申请人住所地的中级人民法院管辖。

《仲裁法》第二十六条 当事人达成仲裁协议，一方向人民法院起诉未声明有仲裁协议，人民法院受理后，另一方在首次开庭前提交仲裁协议的，人民法院应当驳回起诉，但仲裁协议无效的除外；另一方在首次开庭前未对人民法院受理该案提出异议的，视为放弃仲裁协议，人民法院应当继续审理。

95. 旅行社对一定年龄以上的老年人或一定年龄以下的青少年游客除收取旅游团费外，还专门额外加收一定的附加费用，这种做法是否违规？

【解答】

不合法。在同一旅游行程中，旅游经营者提供相同服务的，不能因旅游者的年龄、职业等差异而增收费用。旅游者遇到这种做法，可保留证据，行程结束后要求旅游经营者返还加收的费用。

【法律依据】

《旅行社服务质量赔偿标准》第六条　在同一旅游行程中，旅行社提供相同服务，因旅游者的年龄、职业等差异增收费用的，旅行社应返还增收的费用。

《最高人民法院关于审理旅游纠纷案件适用法律若干问题的规定》第二十三条　旅游者要求旅游经营者返还下列费用的，人民法院应予支持：

(2)在同一旅游行程中，旅游经营者提供相同服务，因旅游者的年龄、职业等差异而增收的费用。

96. 在有些景区，游客出示老年证或学生证后，景区也不给半价优惠，对于景区门票的优惠具体是怎么规定的？

【解答】

湖北省内景区对现役军人、残疾人、一点二米以下儿童、年满七十周岁以上老年人实行免票，对学生和六十周岁以上不满七十周岁的老年人实行半价票。只要出示有效证件，都可以享受相应的门票优惠政策。如果景区没有给予优惠，可向物价局或旅游局投诉。

【法律依据】

《湖北省游览参观点门票价格管理实施细则》第十三条　游览参观点门票价格按下列情况实行优惠：

(1)对现役军人、残疾人、一点二米以下儿童、年满七十周岁以上老年人实行免票；对学生和六十周岁以上不满七十周岁的老年人实行半价票。

(2)对游览参观点内宗教活动场所所属的宗教教职人员及其工作人员、与游览参观点内宗教活动场所所属的宗教是同一宗教的教职人员、或举行过入教仪式并持有有效证件(如佛道教居士证、皈依证等)的同一宗教信教群众，应免收门票，但游览参观点内提供索道、观光车、游船(艇)等服务项目的费用除外。

(3)游览参观点对旅行社等团购门票的优惠，不得超过门票价格的百分之二十。

97. 旅游团变购物团，旅行社经常带领游客到安排好的购物点，如果不买东西，导游就发脾气甚至甩团，游客应如何维护自己的权益？

【解答】

游客有权拒绝强迫购物。如果被安排强迫购物，游客有权在旅游行程结束后三十日内，要求旅行社为其办理退货并先行垫付退货货款。并且可以向旅游行政管理部门投诉，由他们对旅行社和导游、领队进行责令改正、处以相应罚款的行政处罚。如果游客因拒绝旅游经营者安排的购物活动被增收费用，事后可以向法院起诉要求旅行社返还。

【法律依据】

《旅游法》第九条　旅游者有权自主选择旅游产品和服务，有权拒绝旅游经营者的强制交易行为。

《旅游法》第三十五条　旅行社不得以不合理的低价组织旅游活动，诱骗旅游者，并通过安排购物或者另行付费旅游项目获取回扣等不正当利益。

旅行社组织、接待旅游者，不得指定具体购物场所，不得安排另行付费旅游项目。但是，经双方协商一致或者旅游者要求，且不影响其他旅游者行程安排的除外。

发生违反前两款规定情形的，旅游者有权在旅游行程结束后三十日内，要求旅行社为其办理退货并先行垫付退货货款，或者退还另行付费旅游项目的费用。

《旅行社条例》第五十九条　违反本条例的规定，有下列情形之一的，对旅行社，由旅游行政管理部门或者工商行政管理部门责令改正，处十万元以上五十万元以下的罚款；对导游人员、领队人员，由旅游行政管理部门责令改正，处一万元以上五万元以下的罚款；情节严重的，吊销旅行社业务经营许可证、导游证：

(3) 欺骗、胁迫旅游者购物或者参加需要另行付费的游览项目的。

《最高人民法院关于审理旅游纠纷案件适用法律若干问题的规定》第二十三条　旅游者要求旅游经营者返还下列费用的，人民法院应予支持：

(1) 因拒绝旅游经营者安排的购物活动或者另行付费的项目被增收的费用。

98. 消费者在超市购买了几盒保健口服液，按照上面标注的国食健字的批准文号，在国家食品药品监督管理总局官方网站上查询，发现相应的登记规格“10ml/支”与包装上的标注规格“125ml×6 瓶”不一致，是否能向超市和生产厂家要求退货并十倍价款赔偿？

【解答】

如果经销商和生产厂商不能提供与该保健食品标注内容相一致的注册批件，说明该产品规格未取得国家食品药品监督管理总局批准。保健食品的实际包装规格与通过国家食品药品监督管理总局官方网站查询到的经批准的规格不符，规格的变化必然会对食品的营养成分、稳定性、储藏方法及保质期等产生影响，进而影响食品的安全。因此该保健食品违反了食品安全法的相关规定，为不符合国家食品安全标准的食品，并且该情形不属于标签、说明书标注瑕疵，消费者可以要求退货并十倍价款的赔偿。

【法律依据】

《食品安全法》第二十五条　食品安全标准是强制执行的标准。除食品安全标准外，不得制定其他食品强制性标准。

《食品安全法》第二十六条　食品安全标准应当包括下列内容：

(4)对与卫生、营养等食品安全要求有关的标签、标志、说明书的要求。

《食品安全法》第七十八条　保健食品的功能和成分应当与标签、说明书相一致。

《食品安全法》第一百四十八条　生产不符合食品安全标准的食品或者经营明知是不符合食品安全标准的食品，消费者除要求赔偿损失外，还可以向生产者或者经营者要求支付价款十倍或者损失三倍的赔偿金；增加赔偿的金额不足一千元的，为一千元。但是，食品的标签、说明书存在不影响食品安全且不会对消费者造成误导的瑕疵的除外。

99. 消费者在餐馆吃饭后发生疾病，在多家医院诊断才确定为感染寄生虫病，查明原因是餐馆用福寿螺替换海螺，未完全煮熟所致。消费者除了要求餐馆赔偿实际发生的医疗费、误工费、交通费之外，还可以提出什么要求？

【解答】

虽然消费者不构成伤残，但由于该病的病因特殊，餐馆主观上具有明显过错，其对消费者应负有完全赔偿责任。消费者前期由于病因无法确诊导致在多家医院就医并接受住院治疗，在身体和精神上确实遭受到很大痛苦。因此消费者还可以要求一定的精神损害抚慰金。另外可要求餐馆方面书面赔礼道歉。

【法律依据】

《最高人民法院关于确定民事侵权精神损害赔偿责任若干问

题的解释》第八条　因侵权致人精神损害，但未造成严重后果，受害人请求赔偿精神损害的，一般不予支持，人民法院可以根据情形判令侵权人停止侵害、恢复名誉、消除影响、赔礼道歉。

因侵权致人精神损害，造成严重后果的，人民法院除判令侵权人承担停止侵害、恢复名誉、消除影响、赔礼道歉等民事责任外，可以根据受害人一方的请求判令其赔偿相应的精神损害抚慰金。

《侵权责任法》第二十二条　侵害他人人身权益，造成他人严重精神损害的，被侵权人可以请求精神损害赔偿。

100. 消费者在商场某处儿童乐园交钱办理一张会员卡，期限一年，期限内可不限次数使用。后过不多久儿童乐园处于装修状态，装修结束后却发现更名了，原来经营者和商场的租赁提前解除，原会员卡已不能使用。如果不方便找到儿童乐园的经营者，消费者可以怎么处理？

【解答】

消费者还可以向商场要求退还会员卡预存费用中相应还没有消费的部分金额。消费者在租赁柜台购买商品或者接受服务，其合法权益受到损害的，可以向销售者或者服务提供者要求赔偿。柜台租赁期满后，也可以向柜台的出租者要求赔偿。消费者在儿童乐园经营者处办理了会员卡，儿童乐园经营者与商场之间的租赁合同提前解除，消费者有权向作为柜台出租者的商场主张权利。

【法律依据】

《消费者权益保护法》第四十三条　消费者在展销会、租赁柜台购买商品或者接受服务，其合法权益受到损害的，可以向销售者或者服务者要求赔偿。展销会结束或者柜台租赁期满后，也可以向展销会的举办者、柜台的出租者要求赔偿。展销会的举办者、柜台的出租者赔偿后，有权向销售者或者服务者追偿。

后　　记

《公共法律服务体系建设实践丛书》由武汉市江汉区司法局与湖北诺亚律师事务所联合编写。本丛书由武汉市江汉区司法局党组书记、局长谢定彪同志统一协调并组织编写，由中南财经政法大学知识产权研究中心研究员、武汉市江汉区司法局副局长(挂职)、国浩律师(深圳)事务所合伙人王博同志为丛书搭建篇章结构、提供编写思路，由江汉区政协委员、湖北诺亚律师事务所主任律师熊学武同志组织该所优秀律师认真编写。

本丛书的付梓出版，要特别感谢武汉市司法局党组书记、局长关太兵同志在繁重的工作之余为丛书撰写序言，感谢湖北诺亚律师事务所各位律师付出的智慧和辛劳。除此之外，还要感谢武汉大学出版社张欣编辑，为该套丛书的具体编排、组织出版等诸多具体事务所做的工作。

本丛书立足于百姓生活中常见的法律问题，用通俗易懂的语言和专业精炼的法律依据，力求为群众提供贴身、贴心的法律全书。本丛书现有四辑八篇，分婚姻家庭、民间借贷、人身损害赔偿、交通事故、物业服务、房地产纠纷、劳动合同、消费者权益等八个类别，每类有百余法律问答，涵盖最热、最新、最贴近群众需求的法律问题，力求成为提供精准法律知识、深受群众普遍欢迎的通俗读物。

千里之行，始于足下。江汉区司法局将以此为开端，逐步推出更多辑《公共法律服务体系建设实践丛书》，加强法治文化建设，不断提升公共法律服务软实力，切实增强人民群众的法治获得感幸福感。